Игнатий.

РАССКАЗ-КАНОНИЗАЦИЯ:
в помощь изучающим русский язык
(для тех, кто ещё жив)

Ignaty Dyakov

THE STORY CANONISATION:
for learners of the Russian language
(for those who are still alive)

Короткий саркастический детективный рассказ, написанный в помощь взрослым, изучающим русский язык как иностранный. Это третья книга в нашей серии учебных пособий по русскому языку (уровень B1-B2). Отличительной особенностью этой книги является обилие цитат и скрытых цитат из литературы и песен, а также наличие исторической сюжетной линии. В тексте использовано много базовых разговорных грамматических конструкций и наиболее необходимых в бизнесе и быту слов. Особое внимание уделено глаголам, включая глаголы движения.

Редактор: М.А. Ильина
Корректор (английский язык): Пол Руни
Корректор (русский язык): К.С. Оверина
Компьютерный макет: Н.И. Пашковская
Аудио-версия записана на студии IDO Recording Studio, Лондон (звукооператор Данило Торо)
Звукорежиссёр: В.В. Гербей
Иллюстратор: М.А. Джигрина

A short sarcastic story, a detective line, written as an aid to making the Russian language study process a little bit more bearable for adult learners (B1–B2 level). It is the third book in the series of Russian study texts. A distinctive feature of this book is the abundance of apparent and hidden quotes from literature, various songs, as well as the presence of a historical storyline. The story contains many basic conversational grammar constructions and the core vocabulary required for business and everyday life. Verbs (including verbs of motion) receive particular attention.

Editor: Marina Ilyina
Proof-reader (English): Paul Rooney
Proof-reader (Russian): Ksenia Overina
Layout: Natalia Pashkovskaya
The audio book recorded at IDO Recording Studio (Danilo Toro)
Sound-engineer and music by Vladimir Gerbey
Illustrator: Maria Dzhigrina

ISBN-13: 978-1514856550
ISBN-10: 1514856557

Интерес к изучению русского языка во всем мире растет с каждым годом. Но для того, чтобы выучить русский язык, который является непростым языком для иностранцев, требуются качественные и современные учебные пособия, книги для чтения и другие вспомогательные материалы. Сегодняшний ученик или студент, изучающий русский язык очень привередлив и обеспечить его набором правил и упражнений уже недостаточно: его обязательно нужно увлечь и заинтересовать! Форма в этом процессе играет принципиально важную роль. Новая книга Игнатия Дьякова, на мой взгляд, является образцом современного подхода к преподаванию русского языка и, продолжая серию книг-рассказов, в увлекательной форме помогает изучающему русский язык погрузиться в его богатый мир. Захватывающий детективный сюжет на фоне исторических событий, десятки полезных слов и выражений, цитаты из разных литературных произведений и известных песен – что может быть лучше для изучающего русский язык?

Гумер Исаев, к.и.н., директор Института Российских исследований, Турецко-российский фонд культуры, Стамбул, Турция

Being a language textbook author myself, I'm usually very critical about other people's books in the field. Since the first Dyakov's "Sensation" was published, I know what to tell my students when they ask me "What shall I do to keep fit back at home after the course?" I often (given they have appropriate level) recommend them reading Dyakov's books, because I know it's hard to force yourself work on the language on your own, and with these books one doesn't have to, because they make learning fun! I had the privilege of reading the third book before it was published, and I can say students should read it after the first two books, because it is more demanding in terms of language level, which makes sense, and at the same time more rewarding as a fiction book – Dyakov, as every good teacher, never stops learning. The first two books were fun to read; this one makes you forget it's a textbook.

Stanislav Chernyshov, the author of "Poekhali!" books, Founder of Extra Class Language Centre

Рассказ-канонизация

ПРЕДИСЛОВИЕ

Перед Вами моё третье учебное пособие по русскому языку. Эта книга почему-то далась мне труднее других. Казалось бы, должно быть наоборот, ведь она рассчитана на читателя, владеющего русским языком на более высоком уровне В1-В2, значит, можно свободнее раскрывать свои идеи, сюжетная линия может быть более выразительна. В «Рассказе-канонизации» количество новых слов значительно больше — около 1000 лексем, их тематика более разнообразна, грамматические конструкции более изысканны.

Проблема для меня была, скорее, в контексте, контексте жизни. 2014 год не был простым для России, для русских, вне зависимости от их политических взглядов, не стал он простым и для меня. И эти сложности, неоднозначность происходящего, постоянные отсылки к истории я и хотел отразить в своей книге. И всё же я писал учебное пособие, ключевая задача которого — помочь освоить русский язык. Более того, было понимание, что учебное пособие в наше время должно быть добрым, светлым, с юмором, слишком много негатива сейчас вокруг нас, в социальных сетях и СМИ. Напоминали мне об этом и мои замечательные друзья и коллеги, которые помогали советами при написании этой книги.

В литературном плане 2014 год для меня стал годом литературы, описывающей события конца XIX — начала XX века в России. Я читал и перечитывал Л.Н. Толстого, М.А. Булгакова, Б.Л. Пастернака, Б. Акунина... В историческом плане, конечно, ключевым для меня было столетие с начала Первой мировой войны, о ко-

PREFACE

Here is my third Russian language textbook. For some reason, this book was much more difficult to write than the previous two. The opposite should have been the case as it was written for readers who speak and read Russian at the higher B1–B2 level; thus, I had more freedom to express my ideas and the plot could be more expressive. In *The Story Canonisation*, the number of new words is much larger — around 1,000 lexemes, all from various topics — and the grammar structures are more elaborate.

The issue for me was more the context, the life context. 2014 was not an easy year for Russia and Russians, no matter what their political views. It was not an easy year for me either. It is this complexity and the ambiguousness of what happened — constantly referring to history – that I wanted to reflect upon in my book. Yet, I was writing a textbook, the key goal of which is to help learners of the Russian language. Moreover, there is an understanding that a textbook nowadays should be kind, humorous and inviting as there is far too much negativity around us, especially in the media and on social networks. My wonderful friends and colleagues also regularly reminded me of this.

If we talk about literature, 2014 became a year of literature about end of 19th — early 20th century. I read and reread Leo Tolstoy, Mikhail Bulgakov, Boris Pasternak and Boris Akunin … From a historical aspect, this was, of course, the centenary of the start of the First World War, which was remembered in the UK, where I live now, and in Russia.

торой много вспоминали и в Великобритании, где я сейчас живу, и в России.

В результате осенью 2014 года сошлись три фактора: 1. Я перечитал и, кажется, чуть лучше понял «Мастера и Маргариту» М.А. Булгакова. 2. Я посетил интереснейшую десятидневную конференцию о Первой мировой войне в Санкт-Петербурге (спасибо профессору А.В. Арановичу и его команде). 3. Я смог отдохнуть, и не где-то, а на Мальте, по счастливому стечению обстоятельств узнав о русском профессоре-эмигранте Константине Адамовиче Военском. Вдохновлённый талантом Булгакова, который умел писать о сложном в ироничной форме, я и начал писать то произведение, которое сейчас лежит перед Вами.

Как и в предыдущих книгах, события начинают развиваться на Гваделупе. Банкир Джордж снова должен «спасти мир», ну или хотя бы помочь человечеству. Но параллельно читатель узнаёт и о втором главном герое — профессоре Воинском, который вынужден был уехать из России после революции 1917 года, поселился на Мальте и оставил нам кое-что интересное и очень полезное.

Я старался сделать книгу многослойной: для тех, кто спешит, она полезна просто практикой освоения ключевых слов и грамматических структур в контексте (особый упор сделан на глаголы движения); те, у кого времени чуть больше, могут присмотреться к цитатам из песен, стихотворений, фильмов, книг, выучить их и использовать в своей речи; наконец, для самых больших педантов, а также учителей, есть ещё и цитаты скрытые (в частности, названия глав) и намёки. Надеюсь, что вместе с вопросами после каждой главы такие цитаты послужат основой для интересных, увлека-

Игнатий Дьяков

As a result, in the autumn of 2014, three factors happily coincided: 1. I reread, and it seems better understood, *Master and Margarita* by Bulgakov; 2. I attended a most interesting 10-day conference in St Petersburg on the First World War (thanks to Professor Aleksey Aranovich and his team); and 3. I managed to have a long-needed holiday in the most wonderful place — Malta — where, as it happened, I learnt about the Russian professor-émigré Konstantin Adamovich Voinsky. Inspired by the talent of Bulgakov, who mastered the skill of talking about complex subjects in an ironic form, I began writing the book which you can now see.

As in my previous books, the events unfold on the island of Guadeloupe. Banker George must 'save the world' or at the very least help humanity. But, alongside this, the reader will learn about another main character — Professor Voensky — who had to leave Russia after the 1917 Revolution. He settled in Malta and subsequently left us something incredibly interesting and useful.

I have tried my best to write the book in several layers: for those who are in a hurry, it is useful for just practising the most important words and grammar structures within the context (special emphasis is given to the verbs of motion); those who have more time can look closer, learn and hopefully start using the quotes from popular Russian songs, poems, movies and books; finally, for the most curious readers and teachers, there are hidden quotes (including the chapter titles) and hints. I hope that alongside the questions at the end of each chapter, such quotes will work as a basis for discussions and essays — interesting, entertaining and useful for perfecting language skills.

You will not see any exercises in this book. This was a conscious decision. There are numerous resources which

тельных и необходимых для совершенствования языковых навыков обсуждений и сочинений.

В этой книге я намеренно отказался от грамматических упражнений. Ресурсов для освоения грамматики сейчас много, они доступны в печатном виде, в Интернете и в форме приложений для смартфонов. Аудиоверсии предыдущих книг, напротив, оказались очень востребованными, поэтому и «Рассказ-канонизация» доступна в аудиоформате по электронному адресу audio-book@russialocal.co.uk.

При создании этой книги мне очень помогли отзывы о «Рассказе-сенсации» и «Рассказе-провокации». Я еженедельно получаю благодарственные письма, которые вдохновляют меня писать дальше, и порой советы, ценные и необходимые в моей работе. Спасибо большое всем, кто находил и находит время, чтобы поделиться со мной своими мыслями. Отдельно я хочу поблагодарить тех, кто активно помогал мне при создании этой книги: преподавателей русского языка Елизавету Белявскую, Светлану Алексеевну Сушкову, Тэсс Тестезу, Станислава Ивановича Чернышова, моих друзей Наталью Воронину, Джеймса Ламби, Александра Лобанова, Марию Григорькину. Большое спасибо также компании Gallus Consulting и г-ну Гаю Виллнеру, издателю книги «Stranger in Saint Petersburg» Весы Стрейнджер за финансовую помощь при издании этого учебника. Конечно, работа над этой книгой была бы невозможна без поддержки моих мамы и жены.

NB: Все названия глав — это цитаты из песен, стихотворений, прозы или фразеологизмы. Чтобы узнать больше, поищите, пожалуйста, информацию в Интернете.

Игнатий Дьяков

can be used to master grammar and they are available as published books, online materials or as mobile apps. Audio versions of the first two books proved to be very popular so *The Story Canonisation* is also available as an audiobook. To order it, please email audio-book@russialocal.co.uk.

When I was working on this book, I found it incredibly helpful to peruse the feedback I received for *The Story Sensation* and *The Story Provocation*. Every week, I have received thank-you letters which motivate and inspire me to write more. Sometimes, I receive valuable recommendations. My sincerest thanks go to all those who find time to share their thoughts with me. I would particularly like to thank those who actively helped me to make this book happen: Russian language teachers Stanislav Chernyshov, Svetlana Sushkova and Tess Testeza, and my friends Elizaveta Belyavskaya, Maria Grigorkina, Gumer Isaev, Alexander Lobanov, James Lumby and Natalya Voronina. I must also express my heartfelt gratitude to Gallus Consulting (www.gallusconsulting.com) and Mr Guy Willner, the publisher of «Stranger in Saint Petersburg» by Vesla Stranger for their generous financial support of this book. Of course, *The Story Canonisation* could not have happened without the support of my mother and wife.

NB: All titles of chapters are quotes from songs, poems or prose or set expressions. You may want to search for them on-line.

Бывший	Former	Покойный	The Deceased
Губернатор	Governer	Похожий	Resembling
Догадаться	To guess	Прятать	To Hide
Естественный	Natural	Разделение	Separate
Завещание	Testament/Will	Так называемый	So called
История	History	Удалить	To take away
Казна	Treasury	Уйти в отставку	To retire
Нажимать	To Press	Устало	Tired/Weary
Обратный	Reverse	Чепуха	Nonsense
Обращать внимание на	Pay attention to	Член	Member
Отодвинуть	To move aside	Якобы	Supposedly

Я — историк. Сегодня вечером на Патриарших будет интересная история!

*Михаил Афанасьевич Булгаков,
«Мастер и Маргарита»*

ВВЕДЕНИЕ

— Чепуха! Нонсенс! — Джордж устало закрыл крышку своего МакЭйр, отодвинул его и задумался.

Этот клиент, которого якобы рекомендовал Георгий Щёкин, был совсем не похож на обычных клиентов Национального банка Гваделупы. Да нет, можно даже сказать, что он был больше похож на обычных спамеров. Знаете, тех, кто посылают так называемые «нигерийские письма»:

Игнатий Дьяков

«Уважаемый господин Ж.!

Меня зовут Тринидад. Я юрист из Парижа. Мой клиент — покойный сын племянника праправнука господина З., бывшего губернатора острова Святого Мартина. Господин З. ушёл со своего поста 24 марта 1648 года, на следующий день после того, как Франция и Нидерланды подписали договор о разделении острова на две части — французскую и голландскую. Но мало кто знал, что господин З. ушёл со своего поста не с пустыми руками.

23 марта немногие обращали на него внимание, все уже понимали, что он скоро уйдёт в отставку, да и более интересное событие происходило в тот день далеко от площади, где стояло здание администрации.

Так что господин З. без проблем входил и выходил из здания. Когда он выходил, в руках он выносил тяжёлые сумки; а когда возвращался, шёл только с зонтиком. Такой манёвр он повторил несколько раз.

Как Вы, может быть, догадались, уважаемый господин Ж., губернатор вынес не много не мало казну острова и... спрятал её под полом своего дома. Его внук господин З.-Ж. нашёл и продал золото и бриллианты, а деньги положил на свой счёт в Национальном банке Острова Святого Мартина. К сожалению, его сын ушёл из жизни бездетным, и, по его завещанию, я должен был найти любого человека с фамилией З.-Ж. и отдать деньги ему. Но такого человека я не нашёл, а нашёл Вас, уважаемый господин Ж. Я хочу перевести на Ваш счёт $10,000,000,000. Пожалуйста, дайте мне номер Вашего счёта и, на всякий случай, номер Вашей банковской карточки и код безопасности с обратной стороны (три цифры).

С глубоким уважением,

Тринидад Тринидад-младший, магистр социальной психологии, член Академии естественной юриспруденции

Партнёр

Юридическая фирма «Тринидад и сыновья»

Бульвар Монпарнас, Париж, Франция 6о6о6»

Обычно, когда Джордж нажимал «Удалить» (а он всегда нажимал «Удалить», когда получал такие письма), он говорил: «Ну да, ну да, странно, что они не просят ещё и ключ от квартиры, где деньги лежат...»

Вопросы:

1. Что такое «нигерийское письмо»?

2. Что Вы можете сказать о квалификации господина Тринидада Тринидада-младшего?

3. Может быть, Джордж не должен был удалять письмо? Что сделали бы Вы на его месте?

Игнатий Дьяков

Внимательный	Attentive	Обыкновенный	In the habit of
Издалека	From a long way off	Подозревать	To suspect
Казаться	Seem	Предыдущий	Previous
Как можно скорее	ASAP	Принципиальный	Principled
Кровь (f)	Blood	Служить	To work / serve
Незадолго	Shortly before	Совет по делам печати	Press Council
Объяснить	To explain	Управление	Administration

Глава 1
ОБЫКНОВЕННАЯ ИСТОРИЯ

В этот раз, однако, Джордж не стал нажимать кнопку «Удалить». Что-то казалось ему необычным, непохожим на стандартные «нигерийские письма». Что-то заставило его не удалить письмо, а закрыть крышку МакЭйра и задуматься...

«Уважаемый господин Ажжан!

Меня зовут Константин Воинский (меня назвали в честь моего дедушки — это важно. Дальше Вы узнаете почему). Сейчас я пишу Вам из частной больницы да Винчи на Мальте. Врачи говорят, что мне осталось жить недолго — максимум одну-две недели, поэтому прошу Вас прочитать это письмо внимательно и ответить как можно скорее.

Ваш электронный адрес дал мне Георгий Щёкин, он сказал, что Вы хорошо знакомы по предыдущим двум книгам. Он рекомендовал Вас не только как первоклассного банкира, принципиального и этичного, но и как человека, который может и, главное, готов помочь в самых сложных ситуациях. На это я и надеюсь.

Я начну свою историю издалека, но только так я смогу объяснить Вам, почему мне нужна Ваша помощь. Я родился на Мальте незадолго до начала Второй мировой войны. Может быть, Вы уже поняли по моей фамилии, что я не совсем обычный мальтиец. Да-да, Вы будете абсолютно правы, если начнёте подозревать во мне русскую кровь. Мой дедушка Константин Адамович Воинский, крупный учёный-историк и писатель, переехал на Мальту в 1919 году, после Октябрьской революции в России.

В годы Первой мировой войны он был членом Управления по делам печати, а до того директором архива Министерства образования и ещё раньше генералом царской армии (он служил в артиллерии) и даже жил в Токио какое-то время. Как Вы понимаете, большевики не очень уважали людей с такой биографией. Поэтому он сразу решил эмигрировать из Петербурга в Европу. На Мальте ему предложили работу в местном университете, где он и проработал последние десять лет своей жизни...»

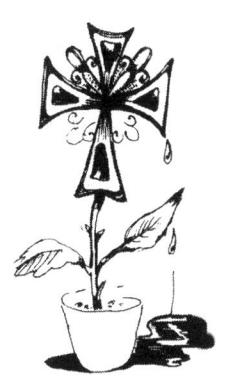

Вопросы:

1. Почему Константин Воинский пишет, что «большевики не очень уважали людей» с биографией, как у его дедушки?

2. Как Вы думаете, чем письмо Воинского отличается от «нигерийских писем»?

3. Как (какими средствами) автор письма пытается удержать внимание Джорджа?

Бог даст. *God will give*	Осторожно. *Carefully*
Броуновское движение *Brownian movement*	Переживать. *To worry about*
Витрина. *Shop window / display*	Происходить. *To come from*
Власть (f) *Power / Authority*	Разве. *Really*
Война. *War*	Свидетель (m). *Witness*
Душа. *Soul*	Следить. *To follow*
Митинг. *Rally*	Сложность (f) *Complexity*
Настроение. *Mood*	Уничтожать. *To destroy*
Обсуждение. *Discussion*	

Глава 2
ПРЕКРАСНОЕ ДАЛЁКО

Зима 1919 года была необычно холодной и голодной. Петербург тяжело переживал и предыдущие зимы, так как война забрала все ресурсы: людские, финансовые, продуктовые, моральные. Даже те, кто мог жить, жить уже не хотели. На улицах не было ни души. Витрины магазинов и окна домов не светились ни днём,

Игнатий Дьяков

ни ночью. Да ещё и непонятно, кто управляет страной и городом. Все говорят об этом, но говорить нужно очень осторожно, следить, кто слушает тебя. На улицах и заводах митинги, в гостиных и залах обсуждения, на кухнях и ночью во дворах тихие разговоры.

Одни уходили и не возвращались. Другие откуда-то издалека приезжали. Третьи заезжали ненадолго неизвестно откуда и неизвестно же куда исчезали. И многие, очень многие куда-то далеко уезжали навсегда. Проследить за этим броуновским движением было почти невозможно, однако многие пытались, и об этом разговаривали, обсуждали это, дискутировали и дебатировали.

Среди тех, кто планировал уехать далеко и навсегда, был и бывший член Совета Главного управления по делам печати Константин Адамович Воинский со своей семьёй.

— Константин Адамович, Вы же умный человек, Вы, как никто, знаете российскую историю! Как Вы не понимаете, что это всё временно? Что большевики не будут у власти долго? Придёт весна, у людей будет больше энергии, оптимизма, они отдохнут немного от войны и тогда уже покажут, какую власть они хотят.

— Дорогой мой Володенька, вот именно потому, что я очень хорошо знаю историю нашей великой страны, я понимаю, что это надолго. И я не хочу быть свидетелем того, что будет происходить здесь в ближайшие год-два-десять. И уж тем более я не хочу, чтобы вы все, кому ещё жить на этом свете, жили здесь через двадцать и тридцать лет. Тяжёлое время приходит, Володенька. Но не сложностей я боюсь, а того настроения, которое царит сейчас и будет царить ещё много и много лет. И из-за этого настроения я хочу, чтобы мы все уехали отсюда как можно скорее. Мы, старая интеллигенция, не нужны стране, которую будут строить на месте той, которую уничтожают сейчас. Здесь родится новая интеллигенция: в чём-то лучше, в чём-то хуже нас, но главное — она будет другая. И даже с этими людьми, интеллигентными, честными, по-своему этичными, мы не сможем найти общий язык.

— Разве этика не одна для всех?

— Увы, нет, в разных цивилизациях и этики разные. На месте России, которую мы знаем… знали, построят не только новую страну, но новую цивилизацию, вырастят новых людей. А мы будем только мешать им, потому что без нашей этики, без наших принципов мы не можем. Ты вот что — иди помоги Елизавете Павловне, а я пойду встречусь с одним моим хорошим другом. Бог даст, я принесу хорошие новости вечером.

Вопросы:

1. Почему 1919 год был тяжёлым для России?

2. В каких русских книгах описывается послевоенное и послереволюционное время?

3. Вы согласны с профессором Воинским в том, что «в разных цивилизациях и этики разные»?

Вдоль по	Along the	Набережная	Embankment
Вперёд.	Forward	Одинокий.	lonely
Громкий.	loud	Освещённый.	lit
Запрещать.	Forbid	Привычка	Habit
Колоннада	Colonnade	Удивительный.	Amazing
Мимо	Past	Чиновник	Official

Глава 3
ВПЕРЁД! В СВЕТЛОЕ БУДУЩЕЕ!

Константин Адамович вышел из дома и по привычке посмотрел сначала направо, потом налево. Однако в темноте с непривычки мало что можно было увидеть, только две луны светились: одна на небе, другая в воде реки. Он пошёл в сторону Невского проспекта: сначала по набережной реки Мойки, потом свернул на Гороховую, дошёл до Казанской. Там он постоял немного, как будто решаясь на что-то. Потом всё же свернул налево.

Бывший чиновник ускорил шаг, почти побежал вдоль по улице до Казанского собора. Там, в тени колоннады, он постоял ещё раз, прежде чем выйти на освещённый Невский проспект. Мимо прошёл одинокий, но громкий трамвай. И тем более громким он казался, что он был абсолютно тёмным. Воинский посмотрел на него, вспомнил трамвай дореволюционный:

— Они построят новую страну, новую цивилизацию, но ведь и им же нужны будут трамваи. Так почему же уничтожили их сейчас? Разве Карл Маркс запрещает освещать трамваи? Где-нибудь у Карла Маркса сказано, что трамваи не нужно ремонтировать?

Константин Адамович вышел на Невский, снова посмотрел направо, потом налево. Перешёл на другую сторону к бывшему Дому компании «Зингер». Три окна на первом этаже светились, внутри работали люди.

— Удивительно, американцы работают так поздно! Ах нет же, забыл. На прошлой неделе в газетах писали, что американское посольство съехало отсюда и сейчас здесь находится «Петрогосиздат». Интересно, над какими книгами они работают так поздно вечером? Хотя… зачем мне это знать? Моя работа не заинтересует их сейчас; не то время, не та страна…

Вопросы:

1. Почему профессор Воинский шёл так осторожно?
2. Как Вы думаете, какую литературу публиковал «Петрогосиздат»?
3. Почему не были освещены трамваи в послереволюционной России?

Игнатий Дьяков

Вешалка . Hanger	Отечественная война Patriotic War
Деревянный . Wood . . .	Пускать . Allow . . . .
Изданный . Published . .	Резкий . Cutting . . . . . .
Исследовать . Research .	Свеча . Candle . . . . .
Калоши . Galoshes	Славный . Glorious . . . . .
Карман . Pocket	Событие . Event . . . .
Литься . Pour	Стучать . Knock . . . . .
Милости прошу . Welcome . .	Хитрый . Cunning . . . . .
Мучить . Torment	Шаг . . . . Step . . . .
На раз-два For one or two	Щёлкнуть . Click . . . .
Описать . Describe . . .	

Глава 4
РОССИЯ — СФИНКС

— Борис Михайлович, Вы дома? — Константин Адамович громко постучал в деревянную дверь, свернув во двор дома номер девять по набережной Екатерининского канала и поднявшись на второй этаж. — Это я, Воинский. Он постучал ещё раз.

— Иду! Иду, Константин Адамович! Одну минуту. Сейчас открою, — послышалось из-за двери. Воинский услышал тихие шаги, ключ вставили в замок, что-то щёлкнуло два раза, дверь открылась. Ему в глаза полился мягкий свет.

— Простите, Константин Адамович, не сразу нашёл ключ, не оставляю его теперь в двери, как раньше. Времена сейчас неспокойные, люди хитрые, открывают двери на раз-два, особенно, если ключ оставишь в замке. Не одну страшную историю уже слышал. Да Вы проходите, дорогой мой, проходите, не пускайте холод с улицы.

Гость и хозяин прошли внутрь квартиры. Хозяин посветил свечой на замок, закрыл его, вынул ключ, прошёл вперед и положил его в карман пальто на вешалке в другом конце коридора.

— Милости прошу. Раздеваться не предлагаю, холод у нас не меньше, чем на улице. И калоши не снимайте, ковры уже давно в печке. А вот чаю могу предложить. Даже сахар на днях удалось выменять на рынке. Присаживайтесь к столу, Константин Адамович, а я сейчас вернусь.

Хозяин вышел из комнаты, а Воинский подошёл к столу. На нём лежала книга. Воинский сразу узнал её — как же не узнать свою книгу? Изданная к столетию войны с Наполеоном энциклопедия «Отечественная война и русское общество» казалась сейчас чем-то из прошлой жизни, другой и почти нереальной. В 1912 году сто лет прошло со славной победы над французами, сто лет, полных событий, изменений в России и мире, а вот с 1912 года, однако, кажется, ещё

Игнатий Дьяков

больше произошло. И нет уже той России, да и того мира уже нет, которые он и соавторы описывали в своем многотомном издании. И только мучит вопрос, а правильно ли они всё описали, правильно ли показали русское общество, если вот сейчас так быстро и так резко оно поменялось. Может, описали они неверно, не исследовали до конца людей, не поняли тех, чьи потомки сейчас уничтожили старый мир.

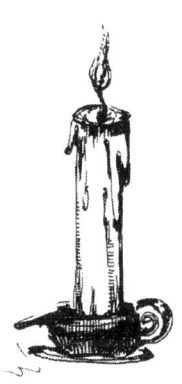

Вопросы:

1. Что такое калоши? Была ли такая или похожая обувь в Вашей стране?
2. Расскажите, пожалуйста, что Вы знаете о войне России и Франции в начале XIX века.
3. Какие другие важные для российской истории войны Вы можете вспомнить?
4. Какое влияние оказывают войны на страну и её жителей?

Беспокоиться *Worry*	Первый попавшийся *First one*
Влиятельный *Influential*	Попечительский совет *Board of Trustees*
Замечательный *Wonderful*	Порог *Threshold*
Исчезать *Disappear*	Рыцарь *Knight*
Мысль (f) *Thought*	Связь (f) *Connection*
Напрасно *In vain*	Слух *Hearing*
Папка *Folder*	Создать *Create*

Глава 5
ЖИЛ НА СВЕТЕ РЫЦАРЬ БЕДНЫЙ

Хозяин вернулся в гостиную. Гость сидел за столом и смотрел в открытую книгу, именно смотрел, а не читал. В мыслях он явно был не здесь.

— После нашего разговора в прошлую пятницу у Тарле я перечитывал Вашу книгу, Константин Адамович. И вот что я Вам скажу: Вы абсолютно напрасно беспокоитесь, Ваша книга замечательная, удивительно глубокая работа. Просто мы живём на пороге новой

Игнатий Дьяков

эры. Старое умирает, а новое… ну новое скоро родится, вот увидите.

— Борис Михайлович, как раз по этому делу я к Вам и пришёл. Видите ли, я не хочу становиться свидетелем рождения новой цивилизации здесь. Я очень боюсь, что и не увижу я её, если останусь в стране. Таким, как мы с Вами, не будет здесь места. Поэтому я хотел бы уехать, эмигрировать. У Вас хорошие связи в Европе, помогите мне, пожалуйста, по старой дружбе. Любая работа. Вы знаете, я служил и в Министерстве образования, и с печатью был связан, международные отношения, исследования, да что уж там… я ведь военный, могу работать и в охране, и такси водить.

Хозяин помолчал немного, явно обдумывая ответ:

— Понимаю Вас, хорошо понимаю. Сам боюсь, что недолго мне осталось здесь. Ходят слухи… Ну да ладно, не будем о грустном. Конечно, я помогу Вам. Кажется, Вы были членом попечительского совета Французского института, не правда ли?

— Да, и такое было.

— Может быть, Вам во Францию, в университет? Ах нет, послушайте, как же мне раньше не пришло в голову. Подождите минуту.

Хозяин поднялся со стула и прошёл в свой кабинет.

«Оно должно быть где-то здесь… Куда я его положил? Очень странно… Так-так... может быть, в столе? А нет, на столе, вот здесь, да, в этой папке. Уже иду, Константин Адамович», — слышалось из кабинета. Воинский тоже поднялся со стула, обошёл стол и подошёл к книжному шкафу, открыл его и взял первую попавшуюся книгу.

— L'Ordre de Malte, ses grands maîtres et ses chevaliers, — прочитал он название по-французски. — А ведь госпитальеры, один из самых богатых и влиятельных орденов в мире, исчезли очень быстро. Уничтожить просто, создать что-то сложно… И помощь российского царя, одного из самых влиятельных монархов в Европе в то время, не помогла. Пробыли в России почти двадцать лет, и где они сейчас, кто они? Прошло сто лет, и царя нет…

— Вот оно, посмотрите, Константин Адамович, получил недавно из Университета Мальты, — вернулся в комнату хозяин. — Пишет мне мой старый друг, что им нужен преподаватель. Могу Вас рекомендовать.

Вопросы:

1. Что Вы знаете о Мальтийском ордене?
2. Какая связь между Мальтийским орденом и Россией?
3. Какие навыки и знания были у профессора Воинского?
4. Кем он мог бы работать в наше время?

Игнатий Дьяков

Главнокомандующий *Commander in Chief*	Неизвестность (f) *Suspense*
Горе *Grief*	Обогатить *Enrich*
Гражданская война *Civil war*	Разделить *Divide*
Известный *Famous*	Сохранить *Save*
Крепкий *Strong*	Яркость (f) *Brightness*

Глава 6
УМОМ РОССИЮ НЕ ПОНЯТЬ

Стемнело. Джордж встал из-за стола, подошёл к двери кабинета и включил свет, потом вернулся к своему столу и постучал пальцами по крышке МакЭйра. Он пытался вспомнить, что он знал о революции и Гражданской войне в России в начале XX века.

Гваделупская система образования — одна из лучших в мире, но в школах почти не рассказывают о России. Думают, что раз связи между странами крепки, то люди сами узнают о культуре и истории России всё, что им нужно. Часто так и случается. И гваделупцы, и русские любят сначала построить отношения и только когда узнают друг друга лучше, начинают бизнес вместе. И так, во время долгих разговоров в ресторанах, банях, а иногда и в музеях и на балете они рассказывают друг другу факты, исторические анекдоты и небылицы.

О революции в России Джорджу рассказывал один его клиент. Точнее он говорил, что революций тогда было три: в 1905 году, феврале и октябре 1917 года. Но именно третья, как её называли в СССР — Великая Октябрьская социалистическая революция — оказала самое серьёзное влияние на историю страны и всего мира. Революция и Гражданская война, которая длилась до 1923 года, вошли в историю. Они унесли много жизней и принесли много горя, они разделили семьи и друзей, они усложнили ответ на вопрос, что такое хорошо и что такое плохо. Многие, кого не убили, или поднялись высоко по советской карьерной лестнице, или уехали из страны навсегда. Уехали в неизвестность, чтобы стать известными как эмигранты первой волны, чтобы обогатить другие страны своими знаниями и талантами и при этом чтобы сохранить русскость.

Джордж открыл ноутбук и увеличил яркость монитора. Стоя он продолжил перечитывать письмо от незнакомого русского с далёкой Мальты:

«В апреле 1920 года на Мальту заехал генерал Деникин со своей семьёй. Он плыл из Крыма в Англию, после того как — не без влияния англичан — отказался от поста главнокомандующего Белой армии. Даже в Википедии пишут, что его корабль сделал две остановки в Средиземном море — на Мальте и на Гибралтаре, но мало кто знает, зачем нужны были эти остановки. Мой отец Адам Константинович Воинский объяснял это просто: Деникину нужно было встретиться с моим дедушкой, им нужно было поговорить о том, о чём нельзя написать в письмах».

Вопросы:

1. Что Вы знаете о революции в России?

2. Что Вы знаете о Гражданской войне в России в начале XX века?

3. Что такое «русскость»? Есть ли что-то особенное в русских?

Вернее. Rather . . . . Пережить. Survive . . . .

Вовремя In time . . . . Побег The escape . . . . . .

Возглавить. head . . . . Потеря The loss . . . .

Достойный. Worthy . . . . . Строгий. Strick . . . .

Заставлять. Force . . . . . . Фактический Actual . . . . .

Из первых уст First hand . . .

Глава 7
ВРЕМЯ УНОСИТ ВСЁ

Весна 1920 года на Мальте была тёплой. В апреле температура поднялась настолько, что ходить в костюме было почти невозможно. Но Константин Адамович должен был быть в костюме в тот день. Во-первых, с утра были лекции в университете, а преподавателям нужно выглядеть достойно. Одеваться стильно и строго, официально — значит уважать своих коллег и студентов, так думал Константин Адамович.

Игнатий Дьяков

Во-вторых, у него была важная встреча днём. Именно на эту встречу он сейчас и шёл быстрым шагом вдоль по главной столичной улице Кингсвэй. В пять часов в порт должен был прибыть английский военный корабль «Мальборо» с очень важными русскими гостями на борту — семьёй Деникиных.

Он не видел их уже год. Вернее даже сказать, госпожу Деникину и их маленькую дочку он не видел вообще никогда. Антон Иванович женился, когда уже был на юге и командовал Белой армией. Там же родилась и Маша. Всё это случилось совсем недавно, особенно, если смотреть с позиции историка. Но при этом сколько всего произошло в его жизни (потеря работы, статуса, отъезд за границу, новая работа), в жизни его Родины (революция, Брестский мир с Германией, Гражданская война), в жизни мира в целом! Малышка Деникина родилась в эпоху перемен. И как хорошо, что у Антона Ивановича теперь есть семья, очень вовремя. За последние два с половиной года он пережил намного больше, чем сам Воинский: революция, арест, побег, фактическая капитуляция в войне (а он боевой генерал!), наконец, он возглавил Белое движение. И вот теперь он на борту английского корабля плывёт в Англию, а дальше — дальше неизвестность.

Много о чём Константин Адамович хотел расспросить Деникина, услышать из первых уст, что он думает о той катастрофе, которая случилась в России. Но было и ещё кое-что, что заставляло сердце Константина Адамовича биться сильнее перед встречей с белым генералом: привёз он её или нет?..

Вопросы:

1. Что Вы думаете об отношении профессора Воинского к одежде: «одеваться стильно и строго, официально — значит уважать кого-то»?

2. Как Вы думаете, какой характер у генерала Деникина (если посмотреть на ключевые факты его биографии)?

3. Что мог привезти с собой генерал Деникин для профессора Воинского?

Игнатий Дьяков

Вряд ли	Hardly	Одновременный	Simultaneous
Вслед	After	Перевести взгляд	look away
Двор	Yard	Пирожное	Cake
Дворцовый	Palace	Полковник	Colonel
Здание	Building	Срочный	Urgent
Крепкий	Strong	Стража	Guards
Обязательный	Required	Туман	Fog
Огромный	Huge		

Глава 8
ТАЙНЫ МАДРИДСКОГО ДВОРА

На Площади Святого Георгия из Дома дворцовой стражи вышел английский полковник, за ним патруль. Они прошли мимо Воинского в сторону порта. Воинский посмотрел им вслед, потом перевёл взгляд на витрину кафе.

«Мороженое. Как же я хочу мороженого! — он закрыл глаза и вспомнил, как раньше он заходил в кондитерскую Абрикосова на Невском проспекте и заказывал там большую порцию мороженого (обязательно половина лимонного, а вторая — вишнёвое или клубничное). — Пожалуй, зайду, время ещё есть». Часы на городской библиотеке показывали 16.15; он зашёл в кафе.

За одним столом справа от входа сидела шумная мальтийская семья: родители ели большие, нет, огромные, сэндвичи (англичане принесли такую моду), свежие и аппетитные, дети ели что-то с рикоттой, и все говорили — одновременно, громко, эмоционально, не слушая, но слыша друг друга.

За другим столом сидела молодая пара (Русские? Нет, вряд ли). Они пили кофе, ели одно пирожное двумя вилками и тихо мечтали о будущем. За самым дальним столиком одинокий старик медленно и ритмично качал головой над чашкой крепкого английского чая.

Воинский сел за столик слева от входа, заказал кофе и мороженое. Через пять минут официант принёс заказ и ушёл. Константин Адамович наклонил голову и посмотрел вдаль так, чтобы на первом плане оказалась его чёрная чашка с кофе, а за ней, в тумане, поднимающемся от кофе, — часы на жёлто-сером здании библиотеки.

— Деникин… Мальборо… Только три-четыре дня… Надо действовать…. Срочно… — донеслось вдруг до Воинского. Он поднял глаза — мимо проходила к выходу русская пара.

Вопросы:

1. Какое мороженое выбрал профессор? А какое мороженое любите Вы?

2. Профессор любил смотреть на дальние объекты так, чтобы на первом плане оказывался его кофе. А у Вас есть похожие необычные, только Ваши ритуалы?

3. Как Вы думаете, кто эта молодая пара?

Берег .Coast..........	Наблюдатель (*m*) Observer...
Бочка .Barrel.........	Причал .Jetty........
Гавань (*f*) .Divination....	Ругаться матом .Swear....
Зерно .Corn..........	Тащить .Drag........
Кивнуть. Nod.........	Трап ..Ladder.......
Кривой .Crooked......	Тротуар .Sidewalk....
Махать ..Wave.......	Форма .The form.....
Медлить. Hesitate.....	Четверть (*f*) .Quarter.....
Мешок. .Bag.........	Шляпа. .Hat.........
Младенец. .Baby.......	Явный. .Explicit.......

Глава 9
В НАШУ ГАВАНЬ ЗАХОДИЛИ КОРАБЛИ

В четверть шестого Константин Адамович пришёл в порт. Корабль уже стоял у причала, но пассажиры ещё не сходили на берег. Английский полковник и патруль, которых Воинский встретил на площади Святого Георгия, были на борту и о чём-то говорили с капитаном корабля. Деникин в гражданской одежде (а даже без военной формы его невозможно было не узнать!) стоял рядом с ними, но смотрел куда-то на берег, явно искал кого-то глазами.

Воинский посмотрел по сторонам: вот портовые рабочие тащили мешки с зерном и ругались матом; другие катили какую-то бочку, бочка стучала по тротуару, а рабочие кричали: «Берегись!»; женщина несла на руках младенца, младенец громко плакал; мальчишки бежали встречать корабль и весело кричали; продавец газет ходил кругами со словами: «Последние новости! Последние новости! Покупайте свежие газеты!» И среди этого хаоса Деникин пытался найти кого-то.

— Фу ты, чёрт, — ругнулся Воинский. — Что же это я веду себя как сторонний наблюдатель? Антон Иванович же явно меня ищет, — и он поднял руку со шляпой и замахал в сторону корабля. Он махал минуту или полторы, пока наконец Деникин не посмотрел в его сторону. На его губах появилась кривая улыбка, и он кивнул, приветствуя старого знакомого.

В этот момент английский полковник повернулся к Деникину и что-то сказал ему. Деникин кивнул в ответ, и они вместе прошли к трапу. Патруль пошёл за ними. За патрулём двинулись и остальные пассажиры.

Уже на земле Деникин повернулся к полковнику и сказал ему пару слов, потом быстро пошёл в сторо-

Игнатий Дьяков

ну Воинского. Полковник помедлил, но потом сделал знак патрулю, и они побежали за русским генералом.

Вопросы:

1. Как Вы думаете, зачем английский патруль прибыл в порт?

2. Что Вы знаете о генерале Деникине? А о так называемом Белом движении времён Гражданской войны в России?

3. Что такое «ругаться матом»? Когда можно употреблять мат?

Russian	Translation	Russian	Translation
Беженец	*Refugee*	Представитель (*m*)	*Representative*
Вестибюль (*m*)	*Vestibule*	Пусть земля будет пухом	*Let the Earth Rest in Peace*
Лестница	*Staircase*	Убийца	*Murderer*
Новость (*f*)	*News*	Убить	*Kill*
Подозревать	*To Suspect*	Успокоить	*To calm down*
Подробный	*Detailed*	Чепуха	*Rubbish*
Посол	*Ambassador*	Чёрный ход	*Back door*
Посольство	*Embassy*	Шофёр	*Driver*

Глава 10
ВОТ И ВЕСЬ РАЗГОВОР

— Ну вот и встретились, Константин Адамович. И кто бы подумал, где встретимся.

— Да уж, Антон Иванович, что и говорить? Рад, что хоть так. Какие у Вас планы?

— Мы в Англию. «Мальборо» высадит нас в порту Саутгемптона, а оттуда уже поедем на поезде в Лондон.

Игнатий Дьяков

— А на Мальте Вы сколько планируете оставаться? Где будете жить?

— Три-четыре дня, не больше. Полковник, — Деникин кивнул в сторону английского офицера, — любезно пригласил нас остановиться у него. Вы слышали, что генерала Романовского убили в русском посольстве в Турции две недели назад?

— Нет, эта новость ещё не дошла до нас. Как это случилось? В русском посольстве, но кто же тогда убийца?!

— Мы приплыли в Турцию в три часа дня. На причал в Топханэ приехал встречать нас военный представитель генерал Агапеев. Романовский и я сели в машину и поехали в посольство. Мы прошли в квартиру посла. Через какое-то время Романовский вышел в вестибюль что-то сказать шофёру, а когда он входил из вестибюля в бильярдную, к нему сзади подошёл кто-то в офицерской форме, вытащил из кармана пальто револьвер и три раза выстрелил. Через две минуты генерал умер. А убийца побежал по главной лестнице наверх и пытался выйти через чёрный ход, но дверь туда была закрыта. Тогда он побежал вниз и через зал, где жили беженцы, выбежал на чёрный ход и исчез.

— Пусть земля ему будет пухом! Но кто же убийца? Советский шпион?

— Нет, увы, нет. Наш… белый офицер… монархист. Он думал, что Романовский масон и виноват в победе большевиков. Какая чепуха в головах у людей сейчас! Так вот, некоторые офицеры подозревают, что убить хотели и меня. И, видимо, будут ещё пытаться убить. Мои друзья попросили англичан присмотреть за мной. Не нравится мне всё это, — Деникин показал рукой на патруль. — Ну да ладно. Жена вот тоже беспокоится, нужно её успокоить.

— Ну и хорошо, что англичане Вас охраняют — Вы ещё нужны России.

— Да что Вы, Константин Адамович, года не пройдёт, и Россия забудет обо мне. Давайте позавтракаем вместе и поговорим обо всём подробно, — и генерал развернулся и пошёл к полковнику. Патруль двинулся за ним.

Вопросы:

1. Что Вы думаете об убийстве генерала Романовского? Об убийце?

2. Смотрели ли Вы фильм режиссёра Андрея Звягинцева «Левиафан»? Если да, какие параллели Вы можете провести между фильмом и убийством генерала Романовского?

3. Что Вы можете сказать об отношениях в семье генерала Деникина?

Игнатий Дьяков

Russian	English	Russian	English
Банда	Gang	Нефть (f)	Oil/Petroleum
Бриться	To shave	Печка	Stove
Будьте добры	Please	Правитель (m)	Ruler
Враньё	lies	Привычка	Habit
Врать	To lie/Fib	Разбойник	Robber
Господи	God	Смута	Unrest
Душный	Stuffy	Союзник	Ally
Записка	A Note	Тонкий	Thin
Мыться	Wash	Яичница	Fried eggs

Глава 11
СМУТНОЕ ВРЕМЯ

На следующее утро они встретились в кафе на Кингс-вэй. Было довольно рано: Деникин по привычке встал в пять и прислал записку Воинскому с предложением позавтракать в 07.30. Воинский успел только быстро умыться, побриться и надеть костюм. Он вышел из дома в 06.45, прошёл быстрым шагом до главной улицы столицы, зашёл в кафе. На часах было 07.25, он думал, что придёт первым, но нет, Деникин уже сидел с чашкой кофе в руке и читал свежую «The Times».

— Утро доброе, Антон Иванович!

— И Вам, и Вам, Константин Адамович. Вы только подумайте, что они пишут. И мы называли их союзниками! Да они заодно с большевиками, им неважно, кто у власти в России — легитимный правитель или банда разбойников! Им важны только наши ресурсы, наша нефть. Да Вы садитесь, Константин Адамович, садитесь. Кофе? Чай?

— Чай, пожалуйста.

— Официант, будьте добры, чай и что у вас есть поесть?

— Круассаны с джемом и маслом, сэндвичи с сыром, омлет…

— Яичницу и бутерброды принесите нам, пожалуйста.

— Что-нибудь ещё? — спросил официант.

— Да, — ответил Деникин, — и в печку эту газету, сейчас же в печку. Господи, как же я устал, как сердце болит за страну. Душно, душно ото всего этого, Константин Адамович. Все врут, все вокруг врут. И самое интересное в этом враньё то, что оно враньё от первого до последнего слова. Когда же мы расскажем миру правду? Ведь нужно рассказать.

— Обязательно нужно, Антон Иванович! Вот Вы и напишите. Кто как не Вы? Ведь Вы же были там с самого начала. Вам поверят.

— А нужна ли людям правда, вот в чём вопрос, дорогой мой Константин Адамович.

Игнатий Дьяков

— Обязательно нужна, я даже не сомневаюсь! Вы должны написать. Сейчас говорю Вам и очень ясно понимаю, что Вы должны написать — подробно, аккуратно, рассказать все факты, всё, как было. У Вас же писательский талант, Антон Иванович. Я ведь читал Ваши статьи в газетах, которые Вы писали под псевдонимом Ночин. Ведь вот даже эта игра слов с Вашим псевдонимом: Деникин служит в армии, Ночин пишет правду об армии и обществе. Удивительно тонкая игра, какой глубокий смысл, какой символизм! Антон Иванович, прошу Вас, Господом Богом прошу.

— А у меня ведь и название в голове уже есть… — задумчиво сказал Деникин. — «Очерки русской смуты»…

> ### Вопросы:
> 1. Что Вы знаете об отношениях Великобритании и России в начале XX века? Во время и сразу после революции?
> 2. Почему генерал Деникин называет события того времени в России «смутным временем»? Для какого ещё периода в русской истории используется это выражение?
> 3. Какие ещё примеры игры слов в русском или другом языке (такой, как «Деникин — Ночин») Вы знаете?

Рассказ-канонизация

Бледный .Pale.......	Мгновение .Moment.....
Ворота .Gates........	Надеяться To Hope To Do..
Глупый .Stupid / Silly....	Нижний. .Bottom.......
Жать руку To Shake Hands..	Посылка .Sending.......
Зеркало .Mirror.......	Спокойный .Calm......
Знакомиться. .To Meet....	Спуститься. To Go Down...
Из-за угла.(From) Round the Corner	Толкнуть .. To Push....
Крепость (f) .Strength.....	Фуражка .. Cap.........
Крестьянин .Peasant.....	

Глава 12
МГНОВЕНИЯ,
МГНОВЕНИЯ,
МГНОВЕНИЯ...

— Может быть, пройдёмся? Здесь очень душно, а за окном такая замечательная погода.

— Конечно. Пойдём к морю или в город?

— Неважно, абсолютно неважно, Константин Адамович. Хочу просто пройтись, не могу сидеть на одном месте.

Они оставили деньги на столе и вышли из кафе. Воинский по привычке посмотрел направо, потом налево. «Как глупо, уже давно не в России, а привычка смотреть по сторонам осталась», — подумал он. По улице они прошли до Площади Святого Георгия, где Воинский снова посмотрел по сторонам, спустились вниз и вышли к крепости Святого Эльма, повернули направо и медленно пошли по берегу. Они говорили о России и о русских — о тех, кто уже уехал или только планировал, тех, кто решил остаться, кто перешёл на сторону большевиков, вспоминали и имена тех, кто возвращался в Россию, надеясь быть полезными новой власти. И хотя то один, то другой периодически начинали говорить о крестьянах и рабочих, о простом народе, в конце концов разговор всё равно возвращался к интеллигентам, аристократам и, конечно, офицерам, военным.

Они уже почти дошли до нижних садов Баракка, как вдруг из-за угла выехала машина и на быстрой скорости поехала к ним. Воинский схватил Деникина за руку и толкнул к зданию, сам отбежал туда же. Автомобиль проехал мимо в нескольких сантиметрах от них, зеркалом больно ударило Воинского по руке. Константин Адамович выбежал за машиной на середину улицы — из открытого машинного окна на него зло смотрела девушка. «Очень знакомое лицо… Очень. Кто она? Что они хотели?» — думал Воинский, внимательно смотря вслед машине, которая повернула к центру города и исчезла.

К нему подошёл Деникин, взял его за руку и молча пожал её. Воинский посмотрел на генерала. Его лицо было бледным, но спокойным, на голове не было фуражки, видимо, она слетела, когда Константин Адамович толкнул его к стене. Так и не сказав друг другу ни слова, они пошли в сторону городских ворот. Каждый думал о своём: Деникин вспоминал убитого недавно в Турции генерала Романовского, Воинский пытался вспомнить, где же он мог видеть эту девушку из автомобиля. Когда подходили к воротам, Константин Адамович решил спросить Антона Ивановича о посылке, которую тот обещал привезти из России.

— Да-да, конечно, я привёз её. Приходите к нам завтра на обед, я отдам её Вам.

— Договорились, Антон Иванович, буду рад познакомиться наконец с Вашей женой и дочкой. До завтра!

— До завтра, Константин Адамович.

Они разошлись в разные стороны, Воинский прошёл уже шагов десять, когда Деникин крикнул ему вслед:

— Константин Адамович, спасибо!

Вопросы:

1. Как Вы думаете, кого хотели убить двое из машины? Зачем?

2. Что такое интеллигенция? Сколько интеллигентов в нашем мире? В каждом ли обществе есть интеллигенты?

3. Почему профессор и генерал больше всего говорили об интеллигенции и военных?

Игнатий Дьяков

Благотворительный *Charitable*	Прибывать. *To Arrive*
Везёт. *lucky*	Разовый *Valid for one occasion*
Грибной. *Fungoid/Mushroom*	Раненый. *Wounded*
Действовать. *To Act*	Сложиться. *Take Shape*
Жалеть. *To Pity*	Служить. *To Serve*
Князь (*m*). *Prince*	Современный *Contemporaneous*
Мечтать. *To Dream*	Судьба. *Fate*
Охрана *Guarding/Protection*	Тяжёлый. *Heavy*
Подработка. *Side job*	Успеть. *To Have Time/To Manage*
Полдень (*m*). *Noon*	

Глава 13
УЗЕЛОК ЗАВЯЖЕТСЯ,
УЗЕЛОК РАЗВЯЖЕТСЯ

Константин Адамович не хотел сразу возвращаться домой, был удивительный тёплый день, как всегда в это время года на Мальте. Он достал из кармана часы — было уже далеко за полдень, а пообедать они с Антоном Ивановичем так и не успели.

Он зашёл в какой-то ресторан и заказал суп с хлебом, на большее у него сейчас не было денег. Большую часть своей зарплаты в университете он отдавал на организацию благотворительных балов в пользу раненных на Гражданской войне русских офицеров, которых привозили на Мальту. Ему повезло, он работал в университете. Другим русским, которые бежали из России, везло меньше. Он получал письма со всей Европы, разговаривал с русскими, которые приезжали на Мальту. Большинство могли найти только тяжёлую физическую работу, кто-то служил в охране, другие водили такси. Многие жили только разовыми подработками. Судьба не жалела никого: ни генералов, ни князей, ни профессоров, ни врачей.

Кто-то ещё получал финансовую помощь от британского правительства, но говорили, что скоро её не будет. А в Европу прибывали один за одним корабли и поезда, полные русских эмигрантов. С каждым месяцем число тяжелораненых было всё больше. На Мальте был один из лучших, самых больших и современных госпиталей в Европе, но даже там врачи уже не могли помочь такому числу больных. Тогда Воинский и его знакомые и начали организовывать благотворительные балы, а деньги переводили в госпиталь.

Обо всём этом Константин Адамович думал, когда ел свой грибной суп с белым хлебом. Потом попросил кофе, по привычке поднял чашку и посмотрел через «туман», поднимающийся от кофе. И тут он вспомнил, вспомнил, где видел эту девушку из автомобиля. Он сидел точно так же в кафе, пил кофе, а рядом сидела русская пара и мечтала о будущем… Только о каком же будущем мечтали эти молодые люди, если… говорили они о Деникине и о том, что надо «действовать срочно». А сегодня утром эта история с машиной! Всё сложилось в одну картинку.

Вопросы:

1. Почему профессор Воинский ел так мало?

2. В какие страны в основном эмигрировали русские после революции и Гражданской войны?

3. Встречали ли Вы русских эмигрантов первой волны или их детей? По Вашему мнению, отличаются ли они от русских, которые живут в России сейчас?

Беречь себя _To take care_	Пиджак _Blazer_
Внутренний _Interior_	Подписать _Sign_
Доставить _Deliver_	Разлука _Parting / Separation_
Задний _Rear_	Резкий _Cutting / Sharp_
Коробка _Box_	Сиденье _Seat_
Лично _Personally_	Суждено _Destined_
Неожиданный _Unexpected_	Убрать _Put away_

Глава 14
ВСЕМ НАШИМ ВСТРЕЧАМ РАЗЛУКИ, УВЫ, СУЖДЕНЫ

Быстрым шагом вышел, почти выбежал Воинский из ресторана. В его голове уже был план. Он перебежал через улицу и вошёл в магазин одежды. Там он купил фуражку из твида и попросил упаковать её в коробку.

С коробкой в руке Воинский вышел на улицу и остановил такси, сказал адрес, сел на заднее сиденье.

Игнатий Дьяков

Какое-то время он только смотрел в окно: на ряды грязно-жёлтых зданий, зелёные деревья, редкие машины; девушки шли и весело разговаривали о чём-то, два джентльмена шагали и тихо спорили, на велосипеде ехал почтальон, а за ним бежали дети и громко кричали.

Воинский резко открыл коробку с фуражкой и посмотрел внутрь, подумал и попросил остановить машину. Из кармана пиджака он достал карандаш, вытащил из коробки фуражку, положил её на сиденье и начал писать внутри коробки.

«Дорогой Антон Иванович!

Вас нашли и здесь, Вам надо уезжать, срочно. Прошу Вас поговорить с капитаном «Мальборо» о том, чтобы отплыть немедленно. Вы нужны России, берегите себя».

Он подумал ещё и подписал письмо:

Всегда Ваш,

К.В.»

Потом Константин Адамович взял с сиденья твидовую фуражку и положил её обратно в коробку. Закрыл крышку и написал на ней адрес.

— Я прошу Вас доставить эту коробку по указанному на ней адресу и передать лично Антону Ивановичу Деникину. Я выйду здесь, вот деньги. Спасибо!

Воинский передал коробку и деньги водителю, убрал карандаш во внутренний карман пиджака и вышел из машины.

Вечером из города, неожиданно для всех, ушёл английский военный корабль «Мальборо».

Вопросы:

1. Что бы Вы сделали на месте генерала Деникина, если бы получили записку от профессора?

2. Как Вы думаете, почему профессор не передал записку сам, а послал через таксиста?

3. Известно, что в реальной жизни генерал Деникин уехал с Мальты в новой твидовой фуражке. Как Вы думаете, насколько реально, что ему мог подарить её кто-то, как профессор Воинский?

Игнатий Дьяков

Довериться. *To trust* . . . . . Приёмная. *Waiting room* . . .
Желание *Wish for / Desire* . . Расслабиться *To Relax* . . . .
Карамелька *Caramel* . . . . . Солдатик . *Toy Soldier* . . . . .
Общество. *Society / Association* Старинный. *Old* . . . .
Подсознание. *The Subconscious*

Глава 15
ХОЧЕШЬ ПОМОЧЬ МАСТЕРУ — ОТОЙДИ И НЕ МЕШАЙ

Джордж попытался представить себе Мальту, на которой он никогда не был. Насколько больше или меньше она, чем Гваделупа? Есть ли там горы? А леса? Много ли там городов? И какая она, столица Мальты — Валетта? Это старинный город? Порт должен находиться в Валетте, ведь это логично, да? Большой ли это порт? А где аэропорт? Вообще, насколько хорошо Мальта связана с остальным миром?

Рассказ-канонизация

Все эти вопросы почему-то вдруг появились в его голове и отвлекли его внимание от письма. В этом не было логики. О Мальте гваделупский банкир не знал почти ничего (ну только про Мальтийский орден, потому что в детстве у него были солдатики — рыцари с красивыми красными и белыми крестами). Сейчас эта информация тоже была бы не нужна. Есть потенциальный клиент, есть его письмо, и только это должно быть важно. Но вот в голове мысли были совсем не об этом, а о Мальте: общие вопросы о географии и климате, об истории и обществе.

Джордж даже не пытался искать на них ответы, это было незачем. Он знал, что в такие моменты, как сейчас, когда в голове много ненужных вопросов или информации, подсознание ищет решение проблемы. Надо просто довериться ему и расслабиться. А вообще хорошо бы помочь ему: пойти погулять на свежем воздухе, потом выпить мятного чая, принять ванну и лечь спать, а утром благодарное подсознание само расскажет, что оно придумало.

Полный желания помочь своему подсознанию, Джордж закрыл МакЭйр и взял из стола стильный жёлтый шерстяной шарф (Господи, когда он уже закончит карьеру в банке и начнёт заниматься модным бизнесом, начнёт создавать свою уникальную дизайнерскую одежду, ведь это мечта его детства?! — о, ещё одна ненужная в этот момент тема; тем лучше, значит, подсознание работает очень активно). Со стола он взял чашку, из которой пил зелёный чай, бросил пакетик в мусорное ведро. С чашкой в одной руке и шарфом в другой он прошёл к двери, выключил свет и вышел в приёмную. Зашёл на офисную кухню, включил воду и аккуратно вымыл свою чашку (приз в прошлогоднем конкурсе «Самый стильный банкир года»), поставил её в шкаф, выключил свет, дошёл до лестницы и спустился вниз. Там он попрощался с охранником, взял из вазочки на столе карамельку и вышел на улицу.

Рассказ-канонизация

Доползти . Crawl . . . .   Прочь . Away / Off. (go away!)

Жечь (жгу, жгёшь... жгут) Burn (To)   Сойти с ума To go mad . . . .

Обсудить . Discuss . . . . . .   Соседний . Neighbouring . . . .

Печаль (f). Sadness . . . . . .   Тонуть. To sink / To go down

Подсказать . Prompt . . . . . .   Честный . Honest . . . .

Глава 16
ВСЁ, ЧТО ОСТАНЕТСЯ
ПОСЛЕ МЕНЯ...

«Мой дедушка Константин Адамович встретился с Де-
никиным на Мальте, но то, что он надеялся с ним обсудить, обсудить они не смогли, и то, что он хотел от него
получить, он не получил. Деникин должен был уехать
с острова как можно скорее, корабль увёз в Англию
русского генерала, а вместе с ним и посылку, которую
так ждал и хотел получить мой дедушка. Хотя почему
я так уверен, что он увёз её? То, что дедушка не полу-

чил её, не значит, что посылка не осталась где-то на Мальте».

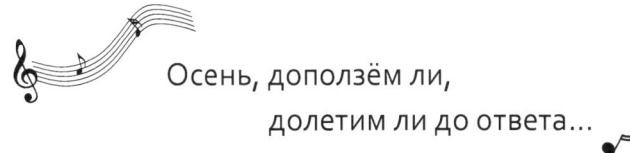

Осень, доползём ли,
долетим ли до ответа...

Джордж шёл по парку и вспоминал письмо, полученное сегодня от странного русского мальтийца. В кафе на соседней аллее играла музыка, кажется, что-то русское, русский рок:

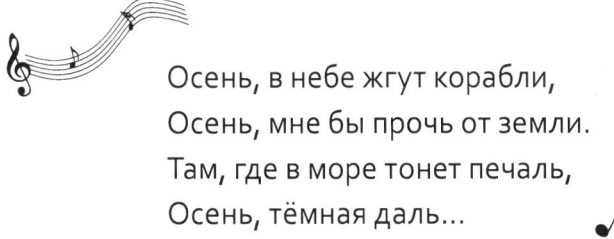

Осень, в небе жгут корабли,
Осень, мне бы прочь от земли.
Там, где в море тонет печаль,
Осень, тёмная даль...

«Господин Ажжан, жить мне осталось недолго, это не я, а врачи так говорят. Но тем важнее для меня знать, что эта посылка найдётся. Помогите мне, господин Ажжан. Я уверен, что в этой посылке что-то важное, что-то, что может помочь всем нам. Помогая мне, Вы поможете всему миру. Не думайте, что я сошёл с ума. Моя голова, пожалуй, работает лучше, чем все другие части моего тела вместе взятые (это, конечно, не аргумент, если принять во внимание, что моё тело почти умерло). Найдите посылку и сделайте то, что подскажет Вам сердце. Мне только и осталось, что надеяться на того, кого порекомендовал честнейший Георгий Щёкин».

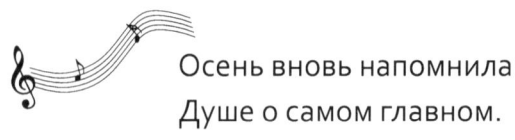

Осень вновь напомнила
Душе о самом главном.

От карамельки во рту ничего не осталось.

Вопросы:

1. Как Вы думаете, увёз ли генерал Деникин посылку Воинского или она осталась на Мальте? Если увёз, то где она может быть?

2. Как Вы думаете, о чём эта песня рок-певца Юрия Шевчука?

Игнатий Дьяков

Бурный . Stormy . . . .

Дежурный . Duty / On duty . .

Жевать . To chew / Ruminate
(жую, жуёшь… жуют) . . .

Желать (желаю,
желаешь… желают) . To wish for .

Живот (old) Stomach . . .

Заказать . To Order / Reserve .

Кусок Lump / Piece / Slice . .

Лгать (лгу, лжёшь… лгут) To lie

Отправление . Sending . . . . .

Отпуск Holiday . . . .

Очередь (f) . Turn . . . .

Пароход . Steamer / Steamship

Пересадка Transplantation .

Подробность (f) . Detail . . .

Рейс . Trip / Voyage . . . . . .

Ржаной . Rye . . . .

Рубашка . Shirt . . . .

Совершить . To Accomplish .

Средиземное море Mediterranean

Хлебница . Bread Basket . . .

Щадить (щажу, щадишь…
щадят) . To Spare / Have mercy .

Глава 17
ДОЖУЙТЕ СВОЙ
ДЕЖУРНЫЙ БУТЕРБРОД

На следующее утро в его голове уже был чёткий план. Сегодня же он берёт недельный отпуск в банке и вечерним рейсом вылетает на Мальту. Днём в обед он встретится с Анной, кратко объяснит ей ситуацию (пока без подробностей). Говорить ей о письме от странного русского он пока не хотел, да и не о чем говорить. Он просто скажет ей, что летит в командировку на Мальту (да-да, надо обязательно сказать, куда он летит, чтобы не лгать, а просто недосказать что-то), что вернётся он, скорее всего, через неделю, максимум две. И что после этого они обязательно полетят в отпуск вместе, куда-нибудь в холодные страны, отдохнуть от гваделупской жары.

План был хорош, подсознание поработало на ура. Теперь была его, Джорджа, очередь работать. Он сел в кровати, взял свой айфон, открыл приложение, через которое он обычно покупал билеты на самолёт. Выбрал пункт отправления «Аэропорт Пойнт-а-Питр, Гваделупа», потом в поле «куда» выбрал «Международный аэропорт Мальты», потом в календаре выбрал дату отправления, подумал и кликнул «Поиск». Обратный билет он пока решил не покупать, потому что неизвестно, сколько времени ему нужно будет провести в Средиземном море, а может быть, ему нужно будет полететь оттуда в Англию или в Россию… Сложные дела — это не шутка. Вот в одной из прошлых книг он должен был слетать и в Россию, и в Швейцарию — XXI век, глобализация.

Тем временем на экране смартфона начали появляться варианты рейсов на сегодня и завтра: хм, с двумя пересадками (в Париже и Риме), ещё с двумя пересадками (в Париже и Манчестере), а вот с одной пересадкой в Париже, вылет в 18.50 и полёт только 18 часов — фортуна, отлично! Так, где здесь кнопка

«Выбрать»? А, здесь она называется «Заказать». Фамилия, имя, дата рождения, паспортные данные, ага, номер карточки, потом короткий номер с обратной стороны, электронный адрес, телефон — уф, время завтракать.

В бурном море людей, событий,
Не щадя живота своего,
Совершите вы массу открытий,
Иногда не желая того.

Когда-то гениальный русский актер Андрей Миронов пел эту песню. Джордж встал с кровати. В пижаме он прошёл на кухню, поставил чайник, взял чашку из шкафа, из хлебницы достал кусок ржаного хлеба, а из холодильника масло и сыр, сделал бутерброд:

— А как там в начале песни?.. А…

Закройте вашу книжку, допейте вашу чашку,
Дожуйте свой дежурный бутерброд.
Снимите и продайте последнюю рубашку
И купите билет на пароход.

....
Вопросы:

1. А Вы могли бы «снять и продать последнюю рубашку и купить билет на пароход»?

2. Правильным ли было решение Джорджа ничего не говорить своей любимой о поездке на Мальту?

3. Как Вы думаете, Джордж сможет найти русскую посылку начала XX века? Объясните свой ответ.
....

Рассказ-канонизация

БРИК	Заглянуть To Peep l. Glance . .
Внешний Outer	Один в один One to one . . .
Внутрь Inside	Очки Spectacles . . . . . .
Грим Make-up (Theatre)	Посетитель (m) Visitor . . .
Действительно Really/Indeed	Расширять To Broaden . . . .
Дьявол Devil	Сломанный Broken . . . .

Глава 18
У ДУРАКОВ МЫСЛИ СХОДЯТСЯ

— Можно? — Джордж постучал в дверь офиса президента Национального банка Гваделупы.

— Да-да, войдите, — голос из-за тёмной деревянной двери ответил почти сразу.

Джордж открыл дверь и заглянул в кабинет. За столом спиной к окну сидел президент: по виду — лет сорока с небольшим. Рот кривой. Выбрит чисто. Брюнет. Правый глаз чёрный, левый почему-то зелёный. Брови чёрные, но одна выше другой. В общем — иностранец, швейцарец (да-да, после того как и Швейцария не избежала серии скандалов в банковской сфере, многие банкиры переехали на более спокойную и этичную Гваделупу).

Президент действительно был похож на булгаковского Воланда, Джордж всегда улыбался, когда видел его. И вот удивительное дело: внешне швейцарец был Воландом один в один, мог играть дьявола в фильме «Мастер и Маргарита» без грима, имя тоже было очень похоже — Фаланд, но в душе это был добрейший человек, ангел, честный, при этом профессионал высокого класса.

Напротив президента на стуле для посетителей сидел секретарь, в одной руке он держал карту мира, а в другой свои сломанные очки. Оба посмотрели на голову Джорджа в двери.

— Господин Фаланд, я на минуту, — сказал Джордж, открыл дверь ещё чуть-чуть.

— Да-да, господин Ажжан, входите, не бойтесь, — улыбнулся ему швейцарец. — Мы тут с помощником обсуждаем экспансию нашего банка на восток. На Западе мы уже установили крепкие партнёрские отношения, теперь время работать с нашими восточными коллегами. С Китаем и Америкой мы активно работаем, с Европой меньше, а про Африку я вообще не говорю. Из Нигерии только спам получаем, а бизнеса-то нет. Нехорошо, ведь эксперты говорят, что африканский континент будет развиваться намного быстрее, чем БРИК. Что Вы думаете об этой идее?

— Да, Вы правы, господин Фаланд, нам действительно нужно расширять географию наших клиентов и партнёров. И Африка — это очень логичный выбор. Я, конечно, зашёл спросить Вас не об Африке, но мне нужно слетать на Мальту, это там недалеко. Можно?

— Кстати, международные компании, которые хотят выйти на африканский рынок, часто открывают офисы на Мальте, — секретарь показал очками на карту.

— Вот и отлично. Господин Ажжан, поезжайте, посмотрите, может быть, Вы встретите там кого-нибудь полезного. Удивительное дело: Вы подумали про Мальту, мы тут поговорили про Восток. Как говорят русские, у дураков мысли сходятся. Поезжайте!

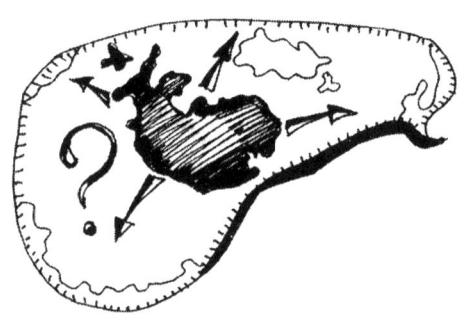

Вопросы:

1. Что Вы можете сказать о президенте Национального банка Гваделупы?

2. Как Вы думаете, почему русские говорят, что у дураков мысли сходятся?

3. Вы читали роман «Мастер и Маргарита» Михаила Булгакова? Нравится ли Вам эта книга? Объясните свой ответ.

Башня. *Tower*	Полоса *Stripe / Streak*
Вдаль *Into the Distance*	Прийти в себя *To Get Over*
Гадость (f) *Muck*	Принесённый *Brought*
Неожиданный *Unexpected*	Собор *Council*
Одинокий. *lonely*	Только что *Only just*
Пара. *Pair / Couple*	Холм. *Hill*
Песок. *Sand*	Шум *Noise*
Подряд *In succession / Contract*	

Глава 19
ВСТРЕЧА НА ЭЛЬБЕ

Он сидел на открытой террасе кафе прямо под собором Святого Павла. На столе стоял только что принесённый официанткой капучино. Он наклонил голову и посмотрел вдаль так, чтобы на первом плане оказалась его чёрная чашка с кофе, скрывшая некрасивые здания на берегу, а за ней тонкая полоса лазурного моря, пара белых яхт, островки зелени среди жёлтокоричневого песка другого берега, ярко красная башня Святой Агаты и дальше, за ещё оной полосой синей воды, холмы Гозо и силуэт собора на фоне серого предвечернего неба.

Джордж наклонил голову ещё ниже, а глаза поднял к небу, по которому летел самолёт; шум его постепенно возвращал Джорджа к реальности, к его капучино, к его миссии здесь, в городке Мелиха на севере Мальты.

Прошло ещё какое-то время, прежде чем Джордж окончательно пришёл в себя. Ветер донёс звук колокола — на часах 16.15. Джордж посмотрел вокруг. За соседним столом сидела шумная мальтийская семья: родители ели большие, нет, огромные, сэндвичи, свежие и аппетитные, дети ели что-то с рикоттой, и все говорили — одновременно, громко, эмоционально, не слушая, но слыша друг друга.

За другим столом сидела молодая пара (русские? или, может, поляки?), они пили кофе, ели одно пирожное двумя вилками и тихо мечтали о будущем. За самым дальним столиком одинокий старик медленно и ритмично качал головой над чашкой крепкого английского чая.

— Господин Ажжан, холодный капучино — это ужасная гадость. Зачем Вы его так? Я закажу Вам ещё чашку, — услышал Джордж знакомый голос за спиной.

— Георгий, а мы ведь перешли на ты тогда в Цюрихе, — Джордж совсем не удивился неожиданной встрече. А была ли она для него так неожиданна? Он ведь знал Щёкина уже третью книгу подряд...

Вопросы:

1. Расскажите, пожалуйста, что Вы знаете о встрече на Эльбе.

2. Что Вы помните о Георгии Щёкине по предыдущим двум книгам?

3. Опишите, пожалуйста, Ваш самый любимый пейзаж.

Рассказ-канонизация

Всё равно. *It is all the same* .

Вступать в права *Come into one's own* .

Господин (*Pl.* господа) *Master* .

Духовный *Spiritual / Inner* .

Железный *Iron* .

Звук *Sound* .

Каменный *Stony* .

Карета. *Carriage* .

Лекарство *Medicine / Drug* .

Остановиться *To stop* .

Перестать. *To cease* .

Слепить (слеплю, слепишь… слепят) *To Blind / Dazzle* .

Томный *Languid* .

Фара. *Headlight* .

Церковь (*f*) *Church* .

Четверть (*f*) *Quarter* .

Глава 20
КАРЕТА ПОДАНА

— Пройдёмся? Думаю, нам есть, о чём поговорить, а здесь слишком много ушей.

— Конечно, пойдём к морю или в город?

— Как хочешь, мне всё равно, Джордж.

Они встали из-за стола и прошли к выходу, сошли с террасы на улицу и пошли вниз.

　　　　　　　　　　　　　　Игнатий Дьяков

Вечер вступал в свои права. Три четверти белой луны выплывали над белыми же домами и контрастировали с чёрной полосой дороги, которая уходила вниз к морю среди гостиниц, магазинчиков и ресторанчиков.

Жёлтый свет фар вдруг ослепил их, машина проехала мимо. На какое-то время они оказались в полной темноте, из которой постепенно стали проступать силуэты домов. Звук мотора донёсся уже откуда-то издалека. И вот снова ночь. Улица. Луна. И церковь.

Сверху, из-под крыши из-за стекла на них смотрела чёрно-белая Мария с младенцем на руках. Деревянная дверь была закрыта на огромный железный замок. Над ней желтела лампочка. Её света едва хватало, чтобы увидеть белый каменный крест на стене слева от двери.

— Помнишь, как у русского поэта Александра Блока: «Ночь. Улица. Фонарь. Аптека»? Здесь почти то же самое, только вместо медицины нам предлагают лекарства духовные, — Георгий посмотрел в глаза Марии. В них заиграл жёлтый свет. — Однако ночь перестаёт быть томной, Джордж. Берегись!

Только сейчас Джордж услышал шум мотора, и через секунду всё стекло, закрывавшее статую Марии с младенцем, осветилось фарами. Машина подъехала и остановилась в полуметре от них. Из машины вышли двое, водитель остался на своём месте, мотор продолжал работать, фары слепили.

— Господа, пройдёмте в машину — вас ждут, а ехать нам не близко.

Держать.	Молчать. . . . .
Засыпа́ть	Пустой . . . .
Звезда (*pl* звёзды)	Специально . . . .
Исчезать	Спутник . . . .
Кладбище	Шептать (шепчу, шепчешь…
Круг	шепчут) . . . .

. . . .

Глава 21
ВСЕ ТАМ БУДЕМ

Они очень долго ехали по пустым и тёмным улицам, так что Джордж удивился, потому что он хорошо помнил, что мальтийские города — одни из самых маленьких в мире. Видимо, их специально возили кругами, чтобы они потеряли ориентацию. Джордж хотел поделиться своими мыслями с Георгием, но передумал: в такой компании лучше молчать и ждать, что будет дальше. Потом они проехали через городские ворота и выехали в неизвестность.

В какой-то момент Джордж начал засыпать. Долгий перелёт, потом капучино (а после кофе он всегда хотел спать), усталость и стресс от неожиданной встречи с Щёкиным и вот этого «приключения» делали своё дело. Но именно тогда, когда его глаза закрылись, машина куда-то подъехала и мягко остановилась. Вокруг в лунном свете было кладбище. Джордж даже не сразу понял, видит он это кладбище во сне или в реальности.

Их спутники вышли из машины и держали двери открытыми, приглашая Джорджа и Георгия выйти. Они вышли тоже и ещё раз посмотрели вокруг: небольшое старое кладбище, маленькая белая церковь почти без окон и с закрытой массивной деревянной дверью, перед входом два дерева, дорога, по которой они приехали, подходила прямо к двери. На чёрном небе яркая луна и звёзды.

Водитель отъехал в сторону, а они вчетвером пошли к церкви. Там спутник номер один вдруг зашёл куда-то налево и исчез. Джордж шёл за ним следом. Он удивился и сделал шаг, потом второй, очень медленно. Там, где исчез спутник, была ещё одна деревянная дверь в тени дерева. За дверью сразу начиналась лестница вниз. Джордж посмотрел на лестницу, потом назад на Георгия и поднял глаза к небу. В этот момент две звезды вдруг начали двигаться всё быстрее и быстрее, а потом разом упали где-то за горизонтом. Джорджу это не понравилось, ему показалось, что эти две звезды — он и Щёкин. Он ещё раз посмотрел на Георгия, тот улыбнулся и прошептал: «Звезда упала — это к счастью».

Игнатий Дьяков

Вопросы:

1. Что бы Вы делали в ситуации, когда Вас «попросили» сесть в машину к незнакомым людям?

2. Вы верите в приметы?

3. Как Вы думаете, что будет с Георгием и Джорджем дальше?

Рассказ-канонизация

Банкнота	Мошенничать . . . .
Болезненный	Пересчитывать . . . .
Вытащить	По-прежнему . . . .
Ключ	Подходить . . . .
Ловкий	Скрипнуть . . . .
Мошенник	

Глава 22
ДЕНЬГИ СЧЁТ ЛЮБЯТ

Когда они спустились по лестнице и прошли по небольшому коридору, группа остановилась перед ещё одной, уже железной дверью. Спутник номер один положил руку в карман и вытащил из него ключ. Ключом он открыл дверь и отошёл в сторону:

— Господа, проходите.

Куда проходить, было абсолютно непонятно. За дверью была полная темнота.

Игнатий Дьяков

— Проходите, проходите, вас там уже ждут, — спутник номер два положил руки на плечи Джорджа и Георгия и подтолкнул их вперёд. Металл скрипнул по каменному полу, и дверь за ними закрылась. В ту же секунду включилась электрическая лампа и осветила небольшой круг на чём-то похожем на стол в центре темноты. В круге света появились две гигантские руки.

— Сорок две… Сорок четыре… Сорок шесть…

Свет от настольной лампы падал только на руки гиганта — болезненно белые — над столом и банкноты, которые он пересчитывал.

— Сорок восемь… Пятьдесят… Пятьдесят две…

При этом он каждый раз ловко перекладывал не по две, по три банкноты из левой руки в правую.

— Девяносто восемь… Сто… Сто. Итого здесь сто банкнот по 500 евро, — сказал он в темноту странно высоким, почти женским голосом. Голос абсолютно не подходил этим рукам. — А сколько должно быть?

— 150 банкнот, — ответила темнота. — Я же лично пересчитывал…

— И я лично. И не только лично, а ещё и при свидетелях — вот господа всё видели, — левая рука гиганта в круге света указала на Джорджа и Георгия. — Значит, ты мошенничаешь и по-прежнему в долгу. Иди отсюда!

Темнота сказала что-то в ответ, потом где-то открылась и закрылась дверь. Руки гиганта на столе взяли банкноты и положили их в стол.

— Вот так и живём, господа. Одни воры и мошенники вокруг — что делать? И как самому оставаться честным при этом?

Вопросы:

1. Как гигант считал банкноты? Почему он насчитал 100 банкнот, а его собеседник — 150?

2. «В ту же секунду включилась электрическая лампа и осветила небольшой круг на чём-то похожем на стол в центре темноты. В круге света появились две гигантские руки» — что это Вам напоминает?

3. Вы согласны, что деньги счёт любят? Почему?

Брюки	Пацан . . . .
В отставке	Пожилой . . . .
Вежливый	Представлять себе . . . .
Гостеприимный	Ручка . . . .
Загореться	Смех . . . .
Исподтишка	Смеяться . . . .
Кровь (f)	Тень (f) . . . .
Одобрить	Терять . . . .

. . . .

Глава 23
КЛУБ ВЕСЁЛЫХ И НАХОДЧИВЫХ

— Вы садитесь, господа, прошу вас, — гигант показал куда-то в сторону, и там сразу же загорелись две лампы, осветили два круга на полу, а в кругах света — деревянные стулья с ручками. — Простите, что встречаемся в таком месте в такой поздний час, но работа, работа, только сейчас и смог найти для вас время. Виски, вино? Белое? Красное? Вино какой страны вы предпочитаете в это время дня? Может быть, яблочный сок для Вас, Джордж? А может, вы хотите попробовать мой фирменный коктейль из крови? Так вы не стесняйтесь. Здесь всё свежее, своё, вкусное. Ха-ха-ха! — и гигант засмеялся, подняв руки. Смех был ещё более высоким, чем его голос, совсем женским, почти истеричным. — Мы, вампиры, народ гостеприимный. Ха-ха-ха!

Гости вежливо отказались и молча сели на стулья.

— Господин Щёкин, — руки гиганта легли на стол, и тень от головы показалась в круге на столе. А почему Вы в красных брюках? Что Вам не нравится? Это такая форма протеста? Что Вы хотите сказать этими своими красными брюками? Все мужчины ходят в сером и чёрном, ну в крайнем случае в тёмно-синем, а Вы? В Советском Союзе этого бы не одобрили. Даже в метро обычные советские граждане высказали бы Вам всё, что они думают о Вас, о Вашей хулиганской выходке с этими красными брюками. Вот как сейчас вижу: СССР. 70-е годы. Вы едете в метро. Ничего особенного в Вас нет, кроме вот этих ярких красных брюк. Хотя, конечно, красные брюки в советское время — это что-то очень даже особенное, поэтому многие периодически смотрят на Вас, ну скажем… с интересом. В общем, едете Вы, едете. И тут сидящий напротив пожилой мужчина, явно отставной офицер, который не растерял ещё активной жизненной позиции, встаёт, подходит к «красным брюкам», то есть к Вам, и говорит: «Пацан, а вот что ты хочешь этим сказать?» — «Чем?» — интересуется «пацан» (то есть Вы). — «Ну, вот мне просто интересно, ты это зачем? Тебе что-то не нравится, правильно? Так и скажи. А так вот, исподтишка…». Интереснейшая сценка, не правда ли?

Господи, представляю себе, что вы сейчас думаете: Советский Союз, вампиры, мошенники — какая чепуха. И всё это ночью на мальтийском кладбище. Кстати, «Советские вампиры-мошенники очень гостеприимны» — прекрасное название для газетной статьи, вы так не думаете? Ха-ха-ха! — руки гиганта в круге света сами себе зааплодировали.

Вопросы:

1. Как Вы думаете, этот гигант — настоящий вампир? Нет? Тогда зачем он появился в книге?

2. Как Вы думаете, реальна ли история в советском метро, описанная гигантом?

3. Пацан — это жаргонное слово. А какие ещё русские жаргонные слова Вы знаете?

Дурак	Перчатка . . . .
Испортить	Подземелье. . . . .
К вашим услугам	Поклониться. . . . .
Крикнуть.	Полный . . . .
Неожиданность (*f*)	Разоблачение . . . .
Неуверенный	Сеанс . . . .
Отдел кадров	Согласиться . . . .

. . . .

Глава 24
СЕАНС ЧЁРНОЙ МАГИИ С РАЗОБЛАЧЕНИЕМ

Из-за аплодисментов гиганта они не сразу услышали стук в дверь.

— Открыто, как метро в новогоднюю ночь, — истерически крикнул гигант. Дверь открылась, послышались шаги.

— Анна, к Вам пришли.

Игнатий Дьяков

— Тьфу, дурак, такую шутку испортил, — голос гиганта стал абсолютно женским. — Кто там?

— Тот, кого Вы очень хотели видеть, — Ваш бывший учитель английского языка.

— Хорошо. Включите свет.

В ту же секунду подземелье осветилось ярким светом. Георгий и Джордж от боли на несколько секунд закрыли глаза. А когда открыли, то увидели, что никакого гиганта в комнате не было. А за столом сидела Анна, начальник отдела кадров Национального банка Гваделупы и любимая Джорджа. Она с трудом снимала с рук большие белые перчатки, которые в неуверенном свете лампы и казались гигантскими руками.

— Всем привет! Георгий, давно не виделись. Джордж, как отпуск? Ладно, я потом объясню вам всё, а сейчас у нас гость, не хочу, чтобы он ждал. Конрад, — Анна повернулась к мужчине у двери, — пригласите, пожалуйста, господина Дохерти.

Мужчина поклонился и вышел, за дверью послышался его голос, потом шаги, дверь снова открылась, и в комнату вошёл полный пожилой иностранец.

— Господин Дохерти, как же я рада Вас видеть! Спасибо, спасибо большое, что согласились встретиться в столь поздний час! — Анна к тому времени уже сняла перчатки и протянула обе руки своему бывшему учителю.

— Аннушка, милая, и я рад Вас видеть — сколько лет, сколько зим! Такая неожиданность, что Вы на Мальте.

Пока Дохерти и Анна говорили, Джордж подошёл к Анне:

— Анна, но ты же никогда не была в Европе. Откуда у тебя учитель английского здесь, на Мальте? — шепнул он ей в ухо.

Анна улыбнулась и шепнула ему в ответ:

— Мы занимались по Скайпу — мы же живём в XXI-м веке. Господин Дохерти, я так хочу поговорить с Вами обо всём, расспросить, но можно мы встретимся для этого потом? А сейчас, когда здесь эти господа, — Анна показала на Джорджа и Георгия, — можно несколько вопросов по делу?–

— Конечно-конечно, Анна, господа, — он поклонился им, — я весь к вашим услугам. Что я могу для Вас сделать?

Вопросы:

1. Как Вы думаете, как Анна оказалась на кладбище? Зачем?

2. Анна учила английский язык, сейчас она на Мальте… Как Вы думаете, кто она?

3. Есть ли разница между уроками по Скайпу и в классе? Есть ли будущее у дистанционного образования?

Драгоценность (f)	. . . .	Тот самый	. . . .
Надёжный	. . . .	Условия	. . . .
Сейф	. . . .	Хранить	. . . .
Судя по	. . . .	Ценный	. . . .

. . . .

Глава 25
О СКОЛЬКО НАМ ОТКРЫТИЙ ЧУДНЫХ...

— Милый господин Дохерти, помните, когда мы изучали лексику по теме «Дом», Вы рассказывали о маленьком секрете, который есть в Вашем доме? Вы говорили, что под полом в одной из Ваших спален лежит бумажный пакет, на котором написано «К.А. Воинскому только лично». Вы не могли бы рассказать об этом пакете ещё раз, пожалуйста, потому что ни Георгий, ни Джордж не слышали этой удивительной истории?

— У Вас удивительно хорошая память, Аннушка. А судя по тому, что Вы собрали нас здесь по делу, у Вас ещё и хорошие аналитические способности. Вы смогли связать этот пакет и что-то, что нужно Вам сейчас, не так ли? Очень надеюсь, что Вы расскажете старику, что Вы ищете и почему. А сейчас о том самом пакете. Как Аннушка уже сказала, — Дохерти повернулся к Джорджу и Георгию, — в доме, в котором я живу всю мою жизнь, а до меня жили мой отец и дедушка, в одной из спален под полом есть небольшой сейф. В этом сейфе мы храним наши фамильные драгоценности и документы. А ещё там есть бумажный пакет. Мой дедушка Дэн Дохерти, полковник в отставке британской армии, положил его туда весной 1920-го года. На пакете написано что-то по-русски, а потом рукой моего дедушки по-английски — «К.А. Воинскому только лично».

Никто никогда не открывал этого пакета. Но из рассказов дедушки мы знали, что в пакете хранится что-то очень ценное и важное. Дедушка получил этот пакет от генерала русской царской армии, который гостил у нас дома весной 1920-го года. Генерал просил передать этот пакет лично в руки профессору мальтийского университета Константину Воинскому, как он говорил, «когда всё станет спокойнее». Увы, спокойнее не становилось. Советские шпионы приезжали на Мальту, искали «бывших». Мой дедушка думал, что в таких условиях будет намного лучше и надёжнее, если ценности господина Воинского будут храниться в доме британского офицера. А потом господин Воинский умер. Так пакет оставался у нас дома до сегодняшнего дня, когда, видимо, пришло время отдать его кому-то. Я правильно понимаю?

Вопросы:

1. Вы помните полковника Дохерти? Какую роль он сыграл в жизни Воинского?

2. Как Вы думаете, должен ли был полковник отдать посылку Воинскому?

3. Как Вы думаете, зачем советские шпионы приезжали за границу искать «бывших»?

Выполнить.	Оформлять. . . . .
Задумчивый	Польза. . . . .
Зануда.	Посторонний . . . .
Здоровье	Предыдущий . . . .
Клад	Проучить. . . . .
Месть (f)	Смешной . . . .
Мстить (мщу,	Тайный . . . .
мстишь... мстят)	Тишина . . . .
Начальник	Явный. . . . .
Обманывать	

Глава 26
ВСЁ ТАЙНОЕ
СТАНОВИТСЯ ЯВНЫМ

После рассказа Дохерти в комнате стало тихо. Джордж не понимал, что знают Георгий и Анна, насколько его миссия секретна. Анна явно знала много. Может быть, она даже прочитала письмо? Щёкин всегда всё знает, судя по предыдущим книгам. И всё же как начать, ког-

Игнатий Дьяков

да в комнате был как минимум один посторонний? Тишина становилась уже невежливой. Дохерти задал вопрос, а никто ему не отвечал.

Первой заговорила Анна. Она повернулась к Джорджу, который всё это время стоял рядом с ней, и сказала:

— Джордж, милый, расскажи, пожалуйста, что ты тут делаешь.

— Но…

— Ну серьёзно. Господин Дохерти хочет нам помочь, без его помощи твою миссию не выполнить. Господин Щёкин рекомендовал тебе твоего потенциального клиента, уверена, что он в курсе проблемы. А я… Всё тайное становится явным. Не надо обманывать женщин. Странно говорить начальнику отдела кадров, что ты едешь в командировку, а при этом оформлять поездку в отпуск, — она улыбнулась. — Я должна была проверить, чтобы оформить всё правильно. Вот служба безопасности банка и показала мне письмо господина Воинского. Всё тайное становится явным, — повторила она. — А дальше, дальше я очень хотела проучить тебя, поэтому и приехала, и разыграла эту шутку здесь.

— Смешно, — сказал Щёкин.

— Совсем не смешно, — задумчиво ответил Джордж. — А если у Георгия было бы слабое сердце, он мог бы получить инфаркт!

— У бывшего агента Ми-6 слабое сердце?! Джордж, ты зануда.

— Я знаю, и не всегда это плохо. Если уж женщина решила мстить, она должна продумать всё, в том числе, как её месть или шутка или что-то ещё влияют на здоровье. Но об этом мы поговорим потом. А пока ты права, я должен рассказать всем, в чём дело.

Господин Дохерти, Георгий, два дня назад я получил письмо от Константина Воинского, внука русского эмигранта, уехавшего из России на Мальту после революции. Господин Воинский написал мне, что он умирает, но просит меня найти клад, который оставил его дедушка, и сделать то, что подскажет мне сердце. Он думает, что этот клад очень важен для нашей планеты, что он может принести много пользы. Поэтому я и взял отпуск и прилетел сюда, чтобы найти этот клад. Господин Дохерти, можем ли мы увидеть тот пакет, что хранится у Вас дома?

Вопросы:

1. Что Вы думаете о шутке Анны?
2. Не сказать правду и обмануть — это разные вещи?
3. Джордж — зануда? А автор книги?

Игнатий Дьяков

Галстук	Происхождение . . . .
Живот	Сказка . . . .
Лакированный	Толкнуть . . . .
Медленный	Толстый . . . .
Нагрудный	Толстяк . . . .
Наушники	Тяжёлый . . . .
Охранник	Усмехнуться . . . .
Платок	Шёлковый . . . .
Причесать	Шерстяной . . . .

Глава 27
МЫ БАНДИТО-ГАНГСТЕРИТО, МЫ КАСТЕТО-ПИСТОЛЕТО, OH YES!

В дверь громко постучали, потом ещё раз и ещё. За дверью послышались голоса, шаги вверх и вниз по каменной лестнице.

— Что это за шаги? — спросил Дохерти, смотря на дверь.

— Арестовывать нас идут? — усмехнулся Щёкин.

— Ну-ну, — ответила Анна.

Джордж подошёл к двери и открыл её. Его толкнули к стене, в комнату вошли несколько людей в чёрном, прошли на середину, осмотрелись, потом разошлись по сторонам, встали у стен. Брюнеты, они были в одинаковых чёрных полупальто, чёрных брюках, чёрных же ботинках. В ушах были наушники с микрофонами. В общем, обычные или охранники, или бандиты. Одно было удивительно: из-под пальто были видны жёлтые шерстяные шарфы. Анна с удивлением посмотрела сначала на этих неизвестных, на их яркие жёлтые шарфы, потом на Джорджа. В её глазах явно читался вопрос. Конечно, отвечать вопросом на вопрос невежливо, но в глазах Джорджа читался точно такой же вопрос: «Что за чепуха?!»

Главный охранник-или-бандит, который стоял у двери, — у него был самый яркий и дорогой, кашемировый жёлтый шарф — поднял руку к микрофону и сказал в него:

— Всё чисто. (Пауза.) Все на месте. (Пауза.) Можете заходить.

На лестнице послышались медленные тяжёлые шаги. Шаг, второй, третий, пауза и тишина. Четвёртый, пятый, шестой, пауза и «Уф», седьмой, восьмой, и в комнату вошёл большой и толстый мужчина — «Уф». Он был одет в белый костюм и белую рубашку, на ногах были белые лакированные ботинки, на животе лежал белый шёлковый галстук. Из нагрудного кармана пиджака виднелся белый платок с чёрной моно-граммой ТВ.

Восемь глаз — четыре гваделупских, два мальтийских и два английских русского происхождения — смотрели на толстяка. Люди в чёрном смотрели на тех, кто смотрели на толстяка. Толстяк же вытащил из кармана зеркало и посмотрел на себя:

— Charmant. Красив, как всегда! Как там было в сказке? «Ты прекрасен, спора нет», — он причесал волосы, посмотрел на себя в зеркало ещё раз, сделал губами букву «о», потом улыбнулся как чеширский кот. — Звезда в шоке от себя!

Вопросы:

1. Кто такой чеширский кот? Кому он улыбался?

2. Зачем толстяк использует французское слово «charmant»? Зачем вообще люди используют в речи иностранные слова?

3. Как Вы думаете, кто эти люди в чёрном?

Рассказ-канонизация

Болезнь (f)		Неважно	
Вечность (f)		Перебивать	
Доложить.		Покой	
Занятой		Половой	
Здорово.		Смеяться	
Летальный исход		Собраться	
Миг		Сообщение.	
Мучение		Спешить	
Наоборот			

Глава 28
ЖИЗНЬ — ВЕЧНОСТЬ, СМЕРТЬ — *ЛИШЬ МИГ!*

Толстяк убрал зеркало во внутренний карман пиджака.

— Как здорово, что все мы здесь сегодня собрались! А, к чёрту все эти этикеты. На кладбище все люди деловые, занятые, всем есть куда спешить, поэтому я сразу перейду к делу.

Игнатий Дьяков

— Делу время, а потехе час? — спросил Щёкин.

— О нет, что вы, что вы, на потеху у вас будет целая вечность, так что как раз всё наоборот, — широко и добро улыбнулся толстяк и стал похож на советского Винни Пуха. — Итак, мне доложили…

— Кто доложил? — снова вопрос от Щёкина.

— Молодой человек, Вас учили в детстве, что нельзя перебивать взрослых? Мне доложил… хотя это неважно, кто доложил. Не хочу вам рассказывать, это будет мой маленький каприз! Ха-хо! Так вот, говорят, вы здесь собрались обсудить какую-то вещь, которая когда-то принадлежала одному эмигранту, а потом была спрятана сто лет в одном из мальтийских домов. Я так думаю, что вы потом хотите взять эту вещь и что-то с ней делать, правда? Ну не будете же вы просить уважаемого учителя положить эту вещь обратно в сейф ещё на сто лет? Правильно я всё сказал, да? Ха-хо! — и толстяк засмеялся и даже подпрыгнул от радости. — Ох, в моём возрасте лучше не прыгать, — толстяк перестал смеяться, вытащил из кармана зеркало и посмотрел на себя. — Ты прекрасен, спора нет. Charmant, charmant, charmant.

В комнате все молчали. Толстяк опять заговорил:

— Так вот, у меня есть к вам маленькая просьба: не берите эту вещь, не делайте с ней ничего, лучше вам даже и не смотреть на неё, честно… Поверьте мне. Ну зачем бы я поехал ночью на кладбище встречаться с людьми, которых я не знаю? Я желаю вам добра. Вы на Мальте — у нас прекрасные пляжи и море, талантливые диджеи в ночных клубах, вкусная еда в ресторанах, да и кладбища у нас хорошие, тихие. Вы можете выбрать любой отдых, который вам нравится. Правда, я вижу, что вам очень нравится тишина и покой, вы же специально приехали сюда, правда? Ха-хо! Леди энд зе джентльмены. Я должен сделать важнейшее сообщение из нашей жизни. Кхм-кхм, жизнь — это болезнь, передаваемая половым путём. Если вы подумаете внимательно, то согласитесь со мной, что у жизни стопроцентный летальный исход, так что предлагаю эвтаназию, чтобы вы не мучились. Чик, и мучений больше не будет. Ха-хо!

Вопросы:

1. Что значит «жизнь — вечность, смерть — лишь миг»? Вы верите в жизнь после смерти?

2. А что такое жизнь для Вас?

3. Вспомните, каким главным правилам Вас обучали в детстве: уважать старших, не бить девочек, не перебивать, когда кто-то говорит?..

В дураках	Наступать . . . .
Жилой массив	Передний . . . .
Катить	Тихий . . . .
Микроавтобус	Толкнуть . . . .
Навек	Тьма . . . .
Нажать на газ	Хаотичный . . . .

Глава 29
УХОДИТЬ ПО-АНГЛИЙСКИ

Вдруг в комнате стало темно, кто-то выключил свет. Без окон и при закрытой двери не было видно вообще ничего. Кто-то начал говорить на непонятном языке, послышались хаотичные шаги.

— Тьма, пришедшая со Средиземного моря, накрыла Ершалаим, — прокомментировал Щёкин словами из романа Булгакова «Мастер и Маргарита».

Дверь на секунду приоткрылась, что-то влетело, вбежало или вкатилось. Люди уже даже не говорили, а кричали на непонятном языке, но как-то всё реже, всё меньше. Вот стало совсем тихо. Шло время, а в комнате ещё стояла тишина.

— Ночь и тишина, данная навек, — прокомментировал Щёкин, на этот раз словами из известной русской песни. Он сделал несколько шагов вперёд, туда, где, как он помнил, была дверь. Нашёл ручку и толкнул дверь от себя, она легко открылась.

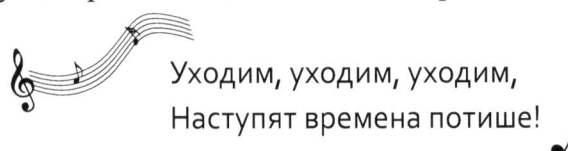

Уходим, уходим, уходим,
Наступят времена потише!

— полупропел, полупрокричал Джордж, взял Анну за руку и первым вышел на лестницу. За ним пошёл Дохерти, последним Щёкин. Все быстро поднялись по лестнице, подбежали к микроавтобусу, в котором уже сидел водитель. Двери с пассажирской стороны автоматически открылись, из машины послышались слова песни русской рок-группы «Звери»:

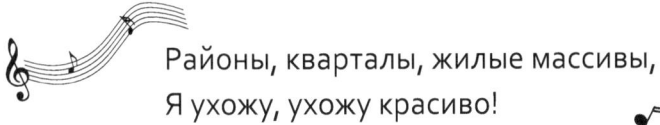

Районы, кварталы, жилые массивы,
Я ухожу, ухожу красиво!

— Очень актуальная песня, — улыбнулся Щёкин и прыгнул на переднее сиденье. Дохерти сел сзади, рядом с ним Анна, последним в микроавтобусе оказался Джордж, посмотрел на церковь, кладбище и закрыл дверь.

Вот и всё, никто не ждёт,
И никто не в дураках, —

Пропело радио, водитель нажал на газ.

Игнатий Дьяков

Вопросы:

1. Что такое Ершалаим? Где он находится?

2. А как это — «уходить красиво»? Например, уходить по-английски — это красиво?

3. Как Вы думаете, кто пришёл на помощь Джорджу и его друзьям?

Беглец	Опасный . . . .
Взгляд	Погоня . . . .
Допрос	Постепенный . . . .
Железо	Причал . . . .
Зверь (*m*)	Пустой . . . .
Камень (*m*)	Расстояние . . . .
Колесо (*Pl* колёса)	Спелый . . . .
Мозг	Стукать . . . .
Навстречу	Течь (я теку, ты течёшь… они текут) . . . .
Напряжение	
Нарушить	Узор . . . .
Неожиданность (f)	Успокаиваться . . . .
Неподвижный	Фара . . . .

Глава 30
НАША СЛУЖБА И ОПАСНА, И ТРУДНА, И НА ПЕРВЫЙ ВЗГЛЯД КАК БУДТО НЕ ВИДНА

Машина ехала быстро. В темноте вокруг не было видно ничего, кроме той части чёрной дороги, которую

Игнатий Дьяков

освещали фары. Временами из-под колёс вылетали камни и стукались о железо и стекло машины. По радио песня «Зверей» сменилась какой-то очень советской песней:

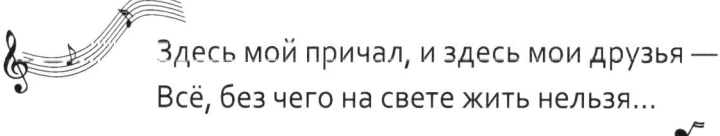

В удачу поверьте и дело с концом.
Да здравствует ветер, который в лицо.
И нет нам покоя: гори, но живи.
Погоня, погоня, погоня, погоня в горячей крови.
Погоня, погоня, погоня, погоня в горячей крови.

Навстречу проехал одинокий автобус, потом дорога снова стала пустой. Джордж несколько раз смотрел назад — не было ли погони. Но нет, сзади было так же темно, как и везде. Джордж пытался понять, где они сейчас едут, но смысла в этом не было, ведь это был только его первый день на острове. Значит, подумал Джордж, мозг в своей любимой манере пытается найти решение какой-то проблемы, нельзя ему мешать.

Постепенно все успокаивались. Напряжение в машине спадало. На радио заиграла новая песня:

Здесь мой причал, и здесь мои друзья —
Всё, без чего на свете жить нельзя…

— пела женщина глубоким низким голосом. Джордж представил её себе: большая, с густыми чёрными волосами, в длинном белом с золотыми узорами платье до пола, почти неподвижная, глаза смотрят вдаль, в правой руке и на расстоянии сантиметров в сорок от губ держит она микрофон, стоит на сцене и поёт:

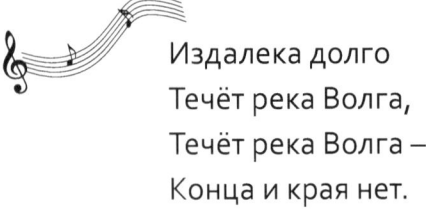

Издалека долго
Течёт река Волга,
Течёт река Волга –
Конца и края нет.
Среди хлебов спелых,
Среди снегов белых
Течёт моя Волга,
А мне семнадцать лет.

— Куда мы едем? — Анна первая нарушила молчание. Все посмотрели на водителя.

— Я получил инструкцию привезти вас в отель в Валетте. Осталось уже недолго, может быть, полчаса, не больше.

— Ясно. А кто дал Вам такие инструкции, можно узнать? — продолжила допрос Анна.

— Я получил приказ по радиоканалу от начальника службы безопасности Питера Корлеоне.

— Как? От Корлеоне?! — от неожиданности Джордж почти выкрикнул эту фамилию. — Я правильно понял, что приказ пришёл от начальника службы безопасности Национального банка Гваделупы?!

Вопросы:

1. Как Вы думаете, почему за беглецами не было погони?
2. Знаете ли Вы фамилию Корлеоне? Кто это?
3. Какая из трёх песен в главах 29–30 Вам нравится больше всего? Почему?

Игнатий Дьяков

Беспорядок.	Осторожно. . . . .
Великолепный	Охранять . . . .
Влияние.	Поведение . . . .
Господи	Порядок . . . .
Зрение.	Преступность (f) . . . .
Испугаться	Слепой . . . .
Лиса	Снотворное . . . .
Наследственный	Среда . . . .
Огурец	

. . . .

Глава 31
НЕ РУКА, НО МЫСЛЬ
И ТВОРИТ, И УБИВАЕТ

— Так точно, — водитель внимательно посмотрел на Джорджа.

— Лиса! Осторожно!!! — крикнула Анна. Водитель резко повернул руль вправо, потом влево, и машина снова поехала прямо. Этот манёвр занял две-три секунды, и всё это время водитель продолжал внимательно смотреть на Джорджа.

— Что случилось, Анна? — спросил учитель английского.

— Уф, ничего, всё в порядке, — выдохнула Анна. Там на дороге была лиса, но мы её объехали. Господи, как же я испугалась!

— Хм, профессионал однако, — с улыбкой прошептал Щёкин.

— Простите, но ведь Вы совсем не смотрите на дорогу, — сказал Джордж водителю, ему было очень некомфортно от того, что водитель смотрел на него так внимательно и долго.

— Ах да, прошу прощения, — водитель снова начал смотреть на дорогу, — но это ничего страшного, у меня хорошее периферийное зрение. Мне не нужно смотреть на дорогу, чтобы видеть, что там происходит. У меня также очень хороший периферийный слух: мне не нужно слушать, чтобы слышать, что говорят.

— Удивительно!

— Это у нас семейное, мой папа и мой дедушка тоже отличаются великолепным зрением и слухом. А мой покойный прадедушка вообще был слепым, но прожил нормальную жизнь в Корлеоне.

— Кто бы мог подумать? Вы тоже из Корлеоне, как и Ваш начальник?

— Да в банке почти вся служба безопасности из Корлеоне. А что? Подумайте сами, ведь у нас это наследственное — охранять деньги. Просто раньше мы были плохими, как в известной русской песне:

Игнатий Дьяков

Мы бандито-гангстерито,
Мы кастето-пистолето, о yes.
Мы стрелянто, убиванто,
Украданто то и это, о yes.
Банко-тресто-президенто
Ограблянто ун моменто, о yes.

Ну а потом мы переехали на Гваделупу, и всё изменилось. Очень важно, в какой среде ты живёшь, с кем общаешься, даже климат и архитектура важны. И, конечно, этика и законы, а ещё — порядок. Знаете, канадский учёный Малькольм Гладуэлл писал, что не только воспитание или плохой характер заставляют людей нарушать закон, но элементарный беспорядок: разбитые окна, мусор, граффити на стенах — оказывают влияние на поведение человека. Преступность намного выше там, где нет порядка. Гваделупа же — рай на Земле, там так чисто, уютно, комфортно, что даже если хочешь совершить преступление, то не сможешь, будет очень неудобно. Так что выходцы из Корлеоне сейчас самые добрые и милые люди на свете.

— Но вы ведь всё равно убиваете? Вот даже сейчас, этих вежливых людей в чёрном в церкви…

— О нет, не беспокойтесь, это было только снотворное. Они поспят ночь, а утром проснутся свежие как огурчики! — улыбнулся водитель. — Ну а мы уже приехали. Выходите, пожалуйста.

Рассказ-канонизация

Вопросы:

1. Почему в песне в этой главе такие странные грамматические формы?

2. Что Вы думаете об идеях социолога Малкольма Гладуэлла?

3. Почему сотрудники Службы безопасности НБГ не убили охранников-или-бандитов?

Игнатий Дьяков

Буквальный	Пирожное . . . .
Вслед	Подвергать опасности . . . . .
Зрелый	Посвятить . . . .
Мысль (f)	Расстегнуть . . . .
Надежда	Расстраивать . . . .
Обмануть	Судьба . . . .

Глава 32
НАЗАД В БУДУЩЕЕ

Профессор Воинский вышел из спальни в гостиную и сел в кресло у окна. Часы на стене пробили четыре раза. Константин Адамович посмотрел на них, проверил время на своих часах на руке. Потом повернулся к окну и стал смотреть в него. Его глаза были открыты, но он явно ничего не видел. Его тело было здесь, в его доме в Валлетте, но мысли… мысли были далеко — в прошлом.

Сегодня был ровно год с того дня, когда английский военный корабль «Мальборо» пришёл в мальтийский порт. Константин Адамович помнил тот день, как сейчас: утром он надел свой лучший костюм, отчитал лекцию в университете (коллеги-студенты задавали особенно яркие, важные вопросы, делали достойные и зрелые комментарии), потом он прошёл по Кингсвэй, выпил кофе с мороженым… Он помнил молодую пару за соседним столом, они ели одно пирожное на двоих и… обсуждали, как убить генерала Деникина. Деникина, надежду русских офицеров и интеллигенции, надежду всего русского народа на светлое прекрасное будущее! Да, сейчас русский народ обманут красной большевистской пропагандой, но через несколько лет он всё поймёт, и тогда наступит время Деникина, Воинского и других. Они вернутся в родную страну и посвятят свои жизни служению русскому народу.

Как он сразу не обратил на этих молодых людей внимания, как не мог по их лицам понять, кто они? Он подверг Деникина ненужной опасности. Конечно, он спас Антона Ивановича на следующий день, но ведь они были в буквальном смысле в миллиметре от смерти. Если бы водитель направил машину немного левее, генерал был бы убит. Ужасно, лучше даже не думать об этом!

Профессор вздохнул и вспомнил вечер того дня, год назад. Как он шёл из порта по вечерней Валлетте, после того как встретил генерала в порту и узнал, что генерал в безопасности, под охраной английских военных. Солнце садилось за собором в море, было теп-

　　　　　　　　　　　　　　Игнатий Дьяков

ло. Он позволил себе расстегнуть пиджак и шёл медленно, думая о жизни, о будущем, о том будущем, которое наступит, когда он получит посылку…

Год назад он представлял себе, как всё будет происходить: завтра он придёт в гости к Антону Ивановичу, его жена Ксения Васильевна выйдет в коридор и вынесет показать маленькую Марину. Потом они все пройдут в гостиную, сядут вокруг стола, будут пить чай и говорить о судьбах их друзей и знакомых, судьбе России, планах на будущее и немного о прошлом. Они будут говорить о далёком прошлом и избегать разговоров о революции и войне, чтобы не расстраивать Ксению Васильевну. Потом Антон Иванович положит руку на руку Ксении Васильевны и нежно попросит её принести бумажный пакет из спальни. Она улыбнётся, скажет: «Конечно, дорогой», выйдет из комнаты. Генерал посмотрит ей вслед, повернётся к Константину Адамовичу и скажет: «Так и живём», а потом предложит коньяка.

Ксения Васильевна тихо откроет дверь и вернётся в комнату, двумя руками подаст пакет Константину Адамовичу, улыбнётся и спросит: «А мы узнаем, что там?»

Вопросы:

1. Как Вы думаете, почему профессор Воинский так верил в светлое будущее России?
2. Почему он думал, что русский народ обманут большевистской пропагандой? Что говорили большевистские пропагандисты?

Выражение.	Ответственность (*f*) . . . . . .
Иметь в виду.	Персонаж. . . . .
Крепкий	Подделывать. . . . .
Крутой	Поддельный . . . .
Малыш	Прозвище . . . .
Модный.	Разрешение . . . .
Настоящий.	Слух . . . .
Освобождать	Храниться . . . .
Остальной	

Глава 33
И У СТЕН ЕСТЬ УШИ

— А можно мы не будем здесь выходить? — попросила Анна. — Вы не могли бы отвезти нас к дому господина Дохерти? Он пообещал показать нам одну очень
интересную вещь, которая хранится в его доме уже
почти сто лет.

— Да, с удовольствием покажу и даже отдам вам её,
очень надеюсь, что это будет полезно, — сказал гос-

подин Дохерти и посмотрел на Анну, а потом на Джорджа.

Водитель подумал и ответил:

— Наверное, это возможно... Но сначала мне надо получить разрешение у начальника службы безопасности.

— Конечно, конечно. Вы не могли бы позвонить ему прямо сейчас?

В этот момент музыка в машине стала тише, а из радио послышался голос Питера Корлеоне:

— У меня хороший слух. Зачем мне звонить? Всем добрый день, кого знаю и кого ещё не знаю лично. Я имею в виду господина Дохерти и господина Щёкина. Хотя о Вас, господин Щёкин, я слышал много.

— Много хорошего или плохого? — улыбнулся Георгий.

— Разного, скажем так, — сказало радио голосом Корлеоне.

— Верю. Ну, Вы тоже небезызвестный персонаж, должен сказать, — ответил ему Георгий. — Кстати, если уж мы говорим с Вами, откройте секрет, пожалуйста, почему Вас зовут Питер? Очень необычно для человека с фамилией Корлеоне, не правда ли?

— Хех, это факт, господин Щёкин…

— Зовите меня Георгий, пожалуйста.

— Хорошо, и для Вас я тогда Питер, коллега. И, может, перейдём на ты?

— С удовольствием, Питер. Так почему тебя зовут Питером?

— А, да. В детстве я любил смотреть американские сериалы, я их не понимал, но смотрел. И я думал, что очень круто и модно использовать английские слова, когда я говорю. Моим любимым выражением было it's a pity. Мои друзья, а потом и остальные стали звать меня уже не моим именем, а просто — Пити. И когда я подделал свой первый американский паспорт, я подумал, что использую в нём своё прозвище, а не имя. Но так как Пити звучит не очень хорошо, я заменил его на Питер. С тех пор во всех моих паспортах — настоящих и поддельных — стояло имя Питер, а моё настоящее имя никто уже и не помнит.

— Круто, босс, я и не знал, — сказал водитель радио.

— Ты много чего не знаешь, малыш, — ответило радио. — Но, как говорят наши русские коллеги, меньше знаешь, крепче спишь, хех.

Вопросы:

1. А у Вас в детстве или молодости было прозвище? Какое? Как оно появилось?

2. Как Вы думаете, в каких ситуациях Питер Корлеоне говорил: «It's a pity»?

3. Вы согласны, что чем меньше знаешь, тем крепче спишь? А если вспомнить, что незнание закона не освобождает от ответственности?

Безработный	Огонь (*m*). . . . .
Взреветь	Плакать . . . .
Ворота	Ремонтный. . . . .
Выдержать.	Сдуру . . . .
Гонять.	Скорость (*f*) . . . .
Гореть.	Слишком . . . .
Госпожа.	Случайный. . . . .
Даль (*f*)	Соседний . . . .
Засада.	Старинный. . . . .
Затемнённый	Товарищ . . . .
Исчезать	Удача . . . .
Кулак	Управлять . . . .
Ледяной.	Шагать . . . .
Невзирая на	

Глава 34
ГОСПОЖА УДАЧА

— Господин Корлеоне, так можно Ваш коллега отвезёт нас к дому Дохерти, пожалуйста? — снова вернулась к делу Анна.

— А, да, конечно, без проблем. Мои сотрудники уже там, так что поезжайте смело. Удачи Вам в Вашем нелёгком деле!

Из радио вместо голоса Корлеоне снова послышалась музыка:

Мы в такие шагали дали,
Что не очень-то и дойдёшь.
Мы в засаде годами ждали,
Невзирая на снег и дождь.
Мы в воде ледяной не плачем
И в огне почти не горим;
Мы охотники за удачей,
Птицей цвета ультрамарин...

Водитель резко повернул руль вправо и с силой нажал на газ. Мотор взревел, местные мальчишки, которые уже какое-то время ходили вокруг машины, отбежали в сторону, старик-газетчик показал кулак вслед хулиганам, которые быстро уезжали в сторону городских ворот.

— Георгий, а почему Корлеоне назвал тебя коллегой?

— Ну, сфера безопасности — это маленький мир, мы все друг друга знаем или хотя бы слышали друг о друге. Хотя в последнее время очень много авантюристов и просто безработных стали называть себя специалистами по безопасности.

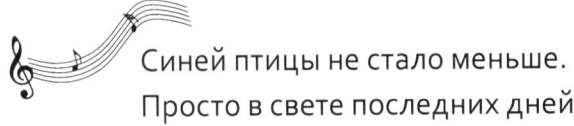
Синей птицы не стало меньше.
Просто в свете последних дней

Игнатий Дьяков

Слишком много мужчин и женщин
Стали сдуру гонять за ней.

Георгий выдержал паузу и сказал весело:

— Ну и как ещё меня называть? Не товарищ же...

Водитель засмеялся и прибавил скорость. В окнах появились и исчезли несколько узких старинных улиц, и скоро они уже подъехали к небольшому, но уютному дому учителя Дохерти. Напротив дома стояла машина ремонтных служб, рабочие что-то медленно делали рядом с ней. Около магазина слева от дома стояли два немолодых спортсмена и вместе читали газету. Ближе к концу улицы была припаркована чёрная машина с затемнёнными окнами. Молодой человек студенческого вида сидел на окне соседнего дома и управлял видеокоптером, который летал — абсолютно случайно — у окон дома Дохерти. А прямо у его входной двери женщина разговаривала со своей собачкой. В общем, обычный день на обычной улице.

Вопросы:

1. О чём песня Андрея Макаревича, которую наши герои слышали по радио?

2. Вы верите, что Щёкин и Корлеоне не знают друг друга лично? Слова Щёкина похожи на правду?

3. Похожа ли улица, на которой живёт Дохерти, на обычную улицу? Серьёзно?

Рассказ-канонизация

В честь . . . .
Внутрь . . . .
Воспитание . . . .
Девичий . . . .
Деревянный . . . .
Железный . . . .
Карман . . . .
Кивнуть. . . . .
Ключ . . . .
Ковёр . . . .
Лицо. . . . .
Махать . . . .
Меблировка . . . .
Младший . . . .

Напольный. . . . .
Напоминать . . . .
Обижаться . . . .
Обязательный. . . . .
Подоконник . . . .
Подушка . . . .
Приветствовать. . . . .
Пригласить. . . . .
Прихожая . . . .
Рассматривать. . . . .
Сзади . . . .
Тяжёлый . . . .
Уютный . . . .
Хозяйка. . . . .

Глава 35
ГЛАВНЕЙ ВСЕГО ПОГОДА В ДОМЕ

— Ну что, пойдёмте? — пригласил Дохерти гостей.
Они все вышли из машины и подошли к входной две-

ри. Дохерти достал из кармана большой старинный железный ключ, вставил его в замок и повернул несколько раз. Потом положил ключ обратно в карман и двумя руками открыл тяжёлую дверь. Даже удивительно, что в таком небольшом доме была такая массивная дверь.

— Прошу, — Дохерти рукой показал внутрь и отошёл в сторону, чтобы пропустить гостей. Один за другим они вошли в маленькую прихожую. Навстречу им выбежала девочка лет пяти, подпрыгнула и включила свет, а потом, сделав серьёзное лицо, поприветствовала всех: «Здравствуйте!» и быстро кивнула головкой. Сзади с улицы Дохерти представил её:

— Моя младшая дочь Анастасия, в честь дочери последнего русского царя, — сказал учитель, а потом мягким голосом добавил: — Анастасия, пожалуйста, будь добра, проводи наших дорогих гостей в гостиную.

— Конечно, папочка, — девочка снова быстро кивнула головкой. — Проходите, пожалуйста, дамы и господа, за мной. Я покажу, — она помахала ручкой и пошла вверх по лестнице. Анна улыбнулась и двинулась за маленькой хозяйкой, показывая пример остальным.

— Куда ни придёшь, везде что-то будет напоминать о России и русских, — сказал сам себе Щёкин и пошёл вслед за Анной. Джордж посмотрел на Дохерти, взглядом приглашая его идти вперёд, но тот ответил:

— После Вас, уважаемый господин Ажжан, после Вас! Мне ещё нужно зайти в спальню и взять из сейфа то, за чем Вы сюда прилетели. Анастасия, не забудь, пожалуйста, предложить гостям чаю.

— Я знаю, папочка. Как ты обо мне думаешь? Я обижусь… — послышался девичий голосок сверху.

— Ты моё солнце, конечно, ты всё знаешь. Прости меня, пожалуйста. Я больше так не буду. Я скоро к вам подойду, — и Дохерти прошёл через прихожую и исчез за какой-то дверью.

Когда Джордж последним вошёл в комнату, Анна и Георгий уже сидели рядом на диване, так что Джорджу оставалось только сесть в кресло напротив. Гостиная, как и всё в этом доме, не была особенно большой: в центре комнаты стоял трёхместный диван и напротив него кресло, между ними лежал тёмный ковёр, в углу стояло ещё одно кресло, а рядом с ним напольная лампа и большой старинный коричневый глобус. На подоконнике лежало несколько подушек — уютное место для чтения днём. Вдоль стен стояли деревянные книжные шкафы, полные книг. Классическая гостиная интеллигента.

Пока Джордж рассматривал комнату и её меблировку, появился хозяин. Он прошёл сразу к Джорджу и двумя руками подал ему бумажный пакет. К гостю с подарком в руках сразу подбежала маленькая Анастасия: «Ух ты! А мы узнаем, что там?»

Вопросы:

1. Что Вы думаете об авторе, который уже столько времени не говорит Вам, что же внутри посылки Воинского?

2. Что Вы можете сказать о воспитании Анастасии Дохерти?

3. А как Вы представляете себе гостиную интеллигента? Что должно быть там обязательно?

Игнатий Дьяков

Багажник.	Обещать . . . .
Базар	Обстоятельство. . . . .
В этом случае	Поворотник . . . .
Вести себя	Прикладной . . . .
Вещь (*f*)	Ристалище (*old*). . . . .
Горе	Совпадение . . . .
Двинуться	Стихотворение . . . .
Двор.	Указатель (*m*) . . . .
Зануда.	Фургон . . . .
Инструмент	Храм. . . . .
Кабина	Цитировать . . . .
Капище (*old*)	Честный . . . .
Мимо	Шикарный . . . .
На всякий случай.	

Глава 36
ИНОГДА СОВПАДЕНИЕ — ЭТО ПРОСТО СОВПАДЕНИЕ

— Конечно, — улыбнулся ей Джордж. — Но, дамы и господа, я предлагаю быть осторожными и на всякий случай отвезти этот пакет специалистам-археологам. Они знают, что нужно делать с вещами, которые пролежали в сейфе больше ста лет. Университет здесь недалеко, мы проезжали мимо него на машине. Лучше перестраховаться.

— Я тебе уже говорила на кладбище, Джордж, ты — зануда, но в этом случае ты прав. Поедем в университет! — и Анна первая встала с дивана.

— А мне можно с вами поехать? — попросила Анастасия и посмотрела на папу.

— Надо спросить господина Ажжана, дочка.

— Господин Ажжан, можно мне поехать с вами, пожалуйста? Я буду вести себя очень хорошо, обещаю! Честно-пречестно.

— Конечно, можно. Иди вперёд, в машину.

Один за другим все вышли из комнаты в том же порядке, как и вошли в неё, спустились по лестнице в прихожую, а потом и на улицу (Дохерти повторил тот же ритуал с открытием двери, что и несколько минут назад: достал из кармана свой большой старинный железный ключ, вставил его в замок и повернул несколько раз; потом положил ключ обратно в карман, тяжёлую дверь открыл двумя руками).

Сели в машину, водитель повернул ключ, включил правый поворотник, и машина медленно поехала вперёд. Рабочие, которые стояли у своего фургона и что-то ремонтировали, закончили ремонт, положили инструменты в багажник, сели в кабину и двинулись за нашими героями. Спортсмены закрыли газету, посмотрели друг на друга и приготовились бежать спринт. Чёрный автомобиль с затемнёнными стёк-

Игнатий Дьяков

лами, который был припаркован в конце улицы, медленно поехал вперёд в сторону дома Дохерти и продолжил движение за машиной наших героев, а видеокоптер спустился немного ниже и полетел над ними. Только женщина осталась разговаривать со своей собачкой у входной двери дома Дохерти.

Совпадение или нет, но когда машина службы безопасности НБГ остановилась у ворот университета, чёрный автомобиль припарковался рядом, а фургон ремонтной службы проехал немного дальше, но тоже остановился, рабочие вышли из него, достали инструменты из багажника и начали что-то ремонтировать. Спортсмены оказались в прекрасной спортивной форме и добежали свой спринт в рекордное время. У ворот университета они пожали друг другу руку — победила дружба, а спортсмены продолжили читать свою газету. Видеокоптер, который всё время летел рядом, поднялся немного выше и начал просто летать кругами. Бывают же совпадения!

Анна, Георгий, отец и дочь Дохерти и, конечно, Джордж прошли через ворота во внутренний дворик университета, посмотрели на указатели, нашли «Исторический факультет» и двинулись в его сторону. Они прошли мимо студенческого профсоюза, кафе, столовой, оставили справа библиотеку, поднялись по лестнице, повернули направо, мимо Института стран Азии и Африки и кабинета Конфуция, мимо анатомического театра и центра прикладной математики, мимо лаборатории дизайна и кафедры архитектуры прошли по коридору до двери с табличкой «Исторический факультет».

Мимо ристалищ, капищ,
Мимо храмов и баров,
Мимо шикарных кладбищ,
Мимо больших базаров,
Мира и горя мимо,
Мимо Мекки и Рима,
Синим солнцем палимы,
Идут по земле пилигримы.

— процитировал стихотворение Иосифа Бродского Георгий Щёкин:

— Так мы заходим?

....
Вопросы:

1. А что бы Вы сделали на месте героев книги в ситуации, если бы Вы получили пакет, которому сто лет?

2. При каких обстоятельствах на кладбище Анна назвала Джорджа занудой? Хорошо ли, что он зануда?

3. Почему Щёкин вспомнил стихотворение Иосифа Бродского?
....

Бюрократия	Приёмный день . . . .
Верхний.	Пустой . . . .
Грязный.	Разрешить . . . .
Декан факультета	Реставрация . . . .
Заявление	Связаться. . . . .
Мягкий	Сотрудник . . . .
Одинаковый	Список . . . .
Пожилой	Срочный . . . .
Потолок.	Формальность (f) . . . .

Глава 37
ИСТОРИЯ —
УЧИТЕЛЬНИЦА ЖИЗНИ

И они открыли дверь и вошли в храм исторической науки… В храме был хаос, и было грязно, но главное — было пусто. Дверь была открыта, но внутри не было никого.

Рассказ-канонизация

— Есть кто живой? — спросил громко Щёкин. — Ау!

— Что вы кричите? — послышался голос с неба. — Не на базаре.

Все посмотрели наверх. Под потолком на деревянной лестнице около верхней книжной полки стоял пожилой мужчина.

— Сегодня неприёмный день — вы не видите? — продолжал небожитель. — Приходите в четверг.

— Прошу прощения, но у нас срочное дело.

— У всех срочное. Ну?

Анна взяла за руку Георгия и мягко сказала:

— Нам нужен специалист, который умеет работать со старыми материалами. Археолог? Или реставратор?

— У двери висит список наших сотрудников…

— Да, вижу.

— Ну так читайте, там всё написано.

Георгий, Джордж и Анна повернулись к двери и начали читать. Рядом с каждой фамилией стояла специализация сотрудника. Когда они дочитали до фамилии Советин, они нашли нужное им «специалист по реставрации».

— Кхм-кхм, — начала Анна. — Простите, а как мы можем связаться с господином Советиным?

— Ну я Советин, — ответил «голос с неба». — Мой приёмный день в четверг.

— Но нам нужна очень срочная консультация, — присоединился к разговору Джордж.

— Пожалуйста, будьте так добры, — попросила Анастасия.

　　　　　　　　　　　Игнатий Дьяков

— Ну пишите заявление на имя декана факультета, чтобы он разрешил мне проконсультировать вас в неприёмный день.

— Хорошо. Конечно, — сразу согласилась Анна, которая уже поняла, что имеет дело с эмигрантом из СССР. — А как зовут декана?

— Советин.

— Так же, как и Вас, да? — удивилась маленькая Анастасия.

— Да, малышка. Нас зовут одинаково, ну то есть я и есть декан.

— Ладно, — продолжила Анна. — А что именно писать?

— Ну что за люди! Ничего не умеют. Берите ручку, бумагу вон там на столе. Садитесь и пишите:

Декану исторического факультета, профессору доктору исторических наук Б.Р. Советину

Заявление.

Я, такой-то такой-то, прошу проконсультировать по вопросу... (опишите, что у вас там...). Прошу назначить консультантом специалиста по реставрации профессора доктора исторических наук Б.Р. Советина. Дело очень срочное. Приёмного дня ждать не могу.

Подпись. Фамилия, имя. Телефон для связи.

— Всё? Написали? Ну, сейчас я к вам спускаюсь.

— Спасибо большое.

— Так, давайте рассмотрим. Ну, понятно. Разрешаю. Вот сверху на Вашем заявлении так и напишу:

«Консультацию разрешаю. Прошу провести консультацию как можно скорее. Б.Р. Советин». Подпись декана, число. Всё, с формальностями покончено. Слушаю Вас внимательно.

Вопросы:

1. Чему научила героев история в этой главе?

2. Встречали ли Вы людей, похожих на Советина? Расскажите случай из Вашей жизни.

3. Бюрократия — это хорошо или плохо? Какие плюсы и минусы бюрократии?

Ахнуть	Платье. . . . .
Вязаный	Предыстория . . . .
Доцент	Рукопись (f) . . . .
Замечательный	Светлый . . . .
Мучать	Учёный . . . .
Находка.	Шерстяной. . . . .
Перчатка	

. . . .

Глава 38
РУКОПИСИ НЕ ГОРЯТ

— Господин Советин… — начал Джордж.

— Борис Романович, — сказал профессор.

— А, спасибо. Борис Романович, можно я сначала кратко расскажу Вам предысторию того, что мы Вам принесли?

— Слушаю внимательно.

И Джордж рассказал: о письме незнакомого русского, который умирал в частной больнице на Мальте, о том, что они узнали о Константине Адамовиче Воинском (здесь профессор сделал знак рукой, что он сам достаточно знает о своём историческом коллеге), о находке в доме учителя английского языка (профессор внимательно посмотрел на Дохерти, потом на бумажный пакет в руках Джорджа).

— Ну хорошо, и Вы хотите сказать, что посылка многоуважаемого Константина Адамовича сейчас передо мной?

— Так точно. Вот она, — и Джордж положил пакет на стол перед Советиным.

— Отлично, посмотрим, что там, — историк надел силиконовые перчатки и начал открывать пакет. В этот момент в дверь постучали и открыли; в комнату вошла невысокая светловолосая женщина в аккуратном вязаном шерстяном платье.

— Борис Романович, разрешите? Только хотела спросить, может, Вам кофе принести? Вы всю ночь здесь работали…

— А, Ольга Александровна, здравствуйте! Вы вовремя. Вот посмотрите, что нам принесли на экспертизу — посылку самого Воинского, — повернулся к двери и улыбнулся Советин. — Дамы, господа, познакомьтесь: Ольга Александровна — замечательный учёный, доцент, специалист по русской прозе XX века, — это он уже сказал нашим героям.

— Интересно, интересно, — специалист по литературе подошла к столу. — Открывайте же, Борис Романович, не мучайте нас!

Историк открыл пакет и вытащил из него пачку бумаги. На первой странице что-то было написано

Игнатий Дьяков

тёмно-синим, одна строчка. Следующие страницы — двести или триста — были исписаны мелким почерком. Внизу каждой страницы аккуратно стояли номера римскими цифрами.

— Вот это да! — одновременно ахнули учёные. — Это невозможно! — сказал Борис Романович.

— Это не-ре-аааль-но… — прошептала Ольга Александровна. — Она… Она… Здесь. Сто лет спустя. Прав был Михаил Афанасьевич, ох, прав — рукописи не горят!

Вопросы:

1. А Вы согласны, что рукописи не горят? Знаете ли Вы примеры этого из реальной жизни?

2. Как Вы думаете, почему так удивились учёные?

3. Можно ли доверять профессионализму женщин в шерстяных платьях? Какие вообще критерии профессионализма? А кому можно доверять?

Благотворительность (f)	Позже . . . .
Взрослый	Порошок . . . .
Военаначальник	Представить . . . .
Грязь (f)	Прийти в себя . . . .
Двойник	Публиковать . . . .
Доказательство	Слава Богу . . . .
Естественный	Средние века . . . .
Жёлтая пресса	Столовая . . . .
Изобрести	Типа . . . .
Медик	Шедевр . . . .
Мятный	Якобы . . . .

Глава 39
ЕСТЬ ТОЛЬКО МИГ
МЕЖДУ ПРОШЛЫМ И БУДУЩИМ

Когда учёные пришли в себя (для этого нужно было сходить за мятным чаем в университетскую столовую), Борис Романович попросил Ольгу Александровну рассказать остальным, что же сейчас лежало у них на столе.

— Вы, наверное, слышали или читали сенсационные новости типа «Гваделупский президент ненастоящий. Настоящего убили, а правит страной его двойник». Или «В Средние века в Европе секса не было. Его изобрели позже, чтобы можно было влиять на людей». Или «Юлий Цезарь был не только великим императором и известным военачальником, но и талантливым медиком. Например, он придумал порошок от депрессии». В жёлтой прессе таких сенсаций как грязи. А теперь представьте, что учёные находят реальные доказательства того, что Цезарь был медиком и что после победы над галлами он придумал, как победить депрессию. То есть это уже не статьи из серии «Британские учёные доказали…» и не интервью с каким-нибудь членом Академии естественной юриспруденции, а серьёзные исследования, которые базируются на фактическом материале. Понимаете, о чём я?

— Ага, — сразу ответила Анастасия.

— Ой, прости, пожалуйста, деточка, что я тут такие глупые примеры…

— Ничего страшного, я уже взрослая и всё понимаю. Про Средние века я уже слышала от папы, и про Цезаря он тоже рассказывал.

— Ну и слава Богу! О чём я говорила? А, да, вот такая же история с Воинским и рукописью, которая лежит перед нами. Мы все знаем его как великого историка, большого патриота России, филантропа. Но когда мы читали в его письмах или в работах других людей о том, что он якобы написал уникальную книгу, шедевр, который изменит мир,… мы не верили. Да, конечно, талантливый человек талантлив во всём, но даже сейчас невозможно поверить, что книга, которая изменит мир, написана и что она здесь! А чья это книга? Кто принёс посылку?

Джордж снова рассказал всё, как и в тридцать восьмой главе.

— О, как интересно! И что же Вы планируете теперь делать с этой книгой?

— Думаю, у меня не много вариантов, — я её опубликую, а деньги от продаж передам на благотворительность, например, в российский фонд Адвита. Будет правильно, если профессор сможет помочь именно русским детям. Это ведь и об изменении мира тоже, о том, о чём он писал в письмах, не правда ли, Ольга Александровна?

Вопросы:

1. Вы согласны, что талантливый человек талантлив во всём? Вы встречали таких людей? Расскажите, пожалуйста.

2. Вы читаете жёлтую прессу? Почему?

3. Что такое благотворительность? Зачем она нужна?

Игнатий Дьяков

Бумажный	Проводить . . . .
Выглядеть	Произойти . . . .
Голый	Профсоюз . . . .
Документальный фильм	Существовать . . . .
Ежегодный.	Тень (f) . . . .
Исчезать	Увидеть свет . . . .
Нагрудный.	Успевать . . . .
Наслаждаться	Художественный фильм . . . .
Оттенок.	Шар . . . .
Пора!	Шпага. . . . .

ЗАЧЕМ ЗАКЛЮЧЕНИЕ?

Они сидели в ВИП-зале международного аэропорта Пуэнт-а-Питр на Гваделупе. Георгий прилетел в гости к Джорджу на два дня по пути на ежегодную конференцию специалистов в сфере безопасности в Нью-Йорке. Два дня пролетели быстро, и вот уже Георгий улетал. Джордж приехал проводить его.

С момента их последней встречи на Мальте прошёл год. За этот год много что произошло, но главное — была опубликована книга профессора Воинского «Зачем?». Её нашли через сто лет после того, как профессор положил рукопись в бумажный пакет и оставил у своего друга в Петербурге. Он надеялся, что получит свою книгу, когда переедет на Мальту, но, увы, судьба решила по-другому. Только в начале XXI века она увидела свет, но сразу стала сенсацией. Если вспоминать популярные книги того времени, такие как «Гарри Поттер» или «50 оттенков серого», то их популярность — это ничто, если сравнить с популярностью «Зачем?».

Казалось, что люди ждали только эту книгу. Раньше они проводили время в Интернете, в социальных сетях, играли в компьютерные игры, но в душе ждали, когда появится книга, которая изменит их мир. И такая книга появилась. У неё очень простое и при этом сложное название «Зачем?». За год её перевели на 500 языков, на таком же количестве языков можно прочитать Библию. Прибыль с продаж книги регулярно переводят на благотворительность.

Полгода назад сняли документальный фильм о том, как книга нашлась. Джордж и Анна даже специально летали на Мальту, они разыграли там ещё раз сцену на кладбище. Потом вышел другой документальный фильм — о жизни и смерти профессора Воинского. А два месяца назад известный русско-американский режиссёр Андрей Кончаловский начал снимать художественный фильм, он решил оставить такое же название, как и у книги — «Зачем?».

Всё это Джордж рассказал Щёкину, который, казалось, жил в каком-то параллельном мире. Георгий сказал, что был очень занят, поэтому не следил за новостями. И только сейчас на Гваделупе он смог немного отдохнуть и узнать, что происходило в мире.

— Ну мне пора, — Георгий встал с кресла. — В гостях хорошо, а дома лучше. Скоро самолёт.

— Ты же не домой летишь, а на конференцию… — сказал Джордж

— У тебя хорошая память, — улыбнулся Щёкин.

— Да, Георгий, если мы говорим о памяти… Пока не забыл, а кто был тот толстяк в 27-й и 28-й главах?

— А, этот? Он — глава профсоюза работников телевидения и радио. Помнишь, у него в нагрудном кармане пиджака был платок с монограммой ТВ? Видишь ли, к началу XXI века телевидение заняло самое важное место в миллиардах домов по всему миру. Интернет не конкурент телевидению, скорее, он помощник, а вот книга — это старый враг. Враг опасный, так как заставляет задуматься. В книге всё происходит медленно, мозг может работать в своём режиме, мысль успевает сформироваться. А где есть мысль, там мир меняется. И меняется он совсем не так, как хотят некоторые, в том числе и телевизионщики. Я ответил на твой вопрос?

— Да, теперь я понимаю, что он хотел от нас… И где он сейчас?

— Там же. В мире, где есть Бог, должен быть и дьявол; где есть книга, должно быть и телевидение. Закон жанра. Помнишь, как в «Мастере и Маргарите» Михаила Афанасьевича Булгакова: «Не будешь ли ты так добр подумать над вопросом: что бы делало твоё добро, если бы не существовало зла, и как выглядела бы земля, если бы с неё исчезли тени? Ведь тени получаются от предметов и людей. Вот тень от моей шпаги. Но бывают тени от деревьев и от живых существ. Не хочешь ли ты ободрать весь земной шар, снеся с него прочь все деревья и всё живое из-за твоей фантазии наслаждаться голым светом?»

Игнатий Дьяков

Восстановить	Прототип. . . . .
Исключительный.	Раб . . . .
Отказываться	Согласие . . . .
Очерк	Том . . . .
Пахать	Хоронить . . . .

. . . .

ПОСТСКРИПТУМ

Прототип одного из героев этой книги, Константин Адамович Военский, умер в 1928 году на Мальте и был похоронен на кладбище в Валетте. В 2008 году русская диаспора на Мальте восстановила его могилу. Его работы по Отечественной войне 1812 года до сих пор являются важными историческими источниками для специалистов.

Антон Иванович Деникин жил в эмиграции сначала в Европе, потом в США, где умер в 1947 году. Его похоронили на кладбище в Мичигане, но потом, с согласия его дочери Марины Антоновны Деникиной, в 2005 году его останки перевезли и перезахоронили в Санкт-Петербурге. Антон Иванович действительно издал «Очерки русской смуты» в четырёх томах — работу исключительной важности для понимания российской истории. «Очерки» были переведены на английский, французский и немецкий языки.

Анна после того, как кончился этот учебник, не захотела сразу возвращаться на Гваделупу и работу, а поехала путешествовать по Европе. Где-то между Прагой и Парижем она вдруг придумала название для своей книги о женщинах и отношениях полов — «Да нет». Она написала несколько первых глав в поездах из Парижа в Лондон и из Лондона в Эдинбург, а остальное планирует писать по вечерам после работы, возможно, уже в следующем нашем учебнике.

Джордж Ажжан.... Он по-прежнему отказывается быть номинированным на Нобелевскую премию мира, продолжает пахать как раб на галерах (с полной отдачей сил), то есть, как и раньше, он работает вице-президентом одного из самых стабильных и надёжных банков мира. Будем надеяться, что о нём Вы ещё прочитаете в следующей книге.

Георгий Щёкин сейчас... сейчас же, немедленно включите телевизор! Ну что? Его там нет? Ну да, его там нет.

«Рассказ-сенсация. В помощь изучающим русский язык (не только для гваделупцев)» — первая книга в серии учебных пособий для изучающих русский язык как иностранный. США, 2013. — 164 с.

Гваделупа — это Рай на Земле. Ряд факторов повлияли на то, что теперь независимое от Франции островное государство не пострадало от финансового кризиса, поразившего весь мир. Строгие правила регулируют деятельность банкиров, а они совсем не против. Джордж работает в Национальном банке Гваделупы уже десять лет. Каждое утро он приходит в офис, включает компьютер и слушает автоответчик — приятный женский голос говорит ему, что у него нет новых сообщений. Ему нравится его маленький ритуал, от этого ему хочется петь еще больше; он любит петь. Но однажды утром его старый мир уничтожен появлением в его электронной почте письма из-за границы. Череда событий, поток новых мыслей и ряд новых встреч ожидают Джорджа...

RUSSIAN ART+CULTURE

Russian Art and Culture is the world's leading platform for Russian art and cultural events. We are experts in organising and promoting Russian cultural events, both our own and those of our clients.

Find out more at www.russianartandculture.com
+44(0)203 691 4508/office@russianartandculture.com
Twitter: @RusArtCulture

The story sensation: for learners of the Russian language (and not only for Guadeloupians!) — USA, 2013. — 164 pp.

Guadeloupe is paradise on earth. Due to a number of factors this island state, now independent of France, has not suffered the financial crisis which hit the rest of the world. Strict rules regulate how the bankers work and they seem to enjoy this. George has been working in the National Bank of Guadeloupe for ten years. Every morning he comes to the office, switches on his computer and listens to the voicemail saying in a nice female voice: "You have… no new messages". He enjoys his small rituals as much as he enjoys singing. But one morning the old world was destroyed by a single email from overseas which led to a whole series of events, a wave of new thoughts and unexpected encounters…

ОБ АВТОРЕ

Игнатий Дьяков — профессиональный преподаватель русского языка как иностранного, закончивший две магистратуры по специальностям «Лингвистика» и «Политическая экономика России». Родом из Санкт-Петербурга, он переехал в Лондон в 2008 году. Позднее там он основал фирму Russia Local Ltd, которая помогает иностранным компаниям выйти на российский рынок. Преподавание русского языка по-прежнему в основе всей деятельности компании. Сейчас клиенты Игнатия находятся в Великобритании, Франции, Люксембурге, Китае, Гонконге и России. Они работают в разных сферах, как-то: финансы и банковское дело, право, архитектура, политика и государственное управление.

Опыт управления бизнесом помогает Игнатию лучше понять требования и ожидания его клиентов, но он продолжает повышать свою квалификацию. Его результаты отмечены рядом грантов и стипендий Президента и Правительства РФ, наград Министерства образования, компаний Интеррос и Шелл.

Игнатий — член Королевского Института лингвистов, Общества авторов Великобритании и Института директоров (Великобритания). Его часто приглашают в качестве эксперта на BBC и «The Guardian», CNN и Thomson Reuters; он выступает с лекциями в торговых палатах и на крупнейших бизнес выставках.

ABOUT THE AUTHOR

Ignaty Dyakov is a professional Russian language teacher with Master's degrees in Linguistics and The Political Economy of Russia. Originally from St Petersburg he came to London in 2008 where some time later he established Russia Local Ltd., a language-based consultancy which helps international businesses expand in Russia. Russian language training is where the company started and is still a core element of the business. Ignaty's clients are now based in the UK, France, Luxembourg, China, Hong Kong and Russia. They come from all walks of life and work in different areas, e.g. finance and banking, law, architecture, politics and administration.

Ignaty's first-hand experience of running a business helps him better understand their needs and requirements. Nevertheless, he continuously develops his skills and this is recognised by the number of awards he has received which include scholarships and grants named after the Russian President and Government, awards from the Ministry for Science and Education and Interros investment fund, as well as a Shell LiveWire 'Grand Ideas' award.

He is a member of the UK Society of Authors, the Chartered Institute of Linguists and the Institute of Directors (UK). He is frequently invited to comment on the BBC, the Guardian, Thomson Reuters, CNN and others, and he gives talks at major business expos and chambers of commerce.

GALLUS
CLEAR VALUABLE MOMENTUM

Gallus build sustainable, high performance environments that everybody can believe in. With particular expertise in leadership capability and alignment, organisation design, business transformation and enterprise risk management, Gallus challenge assumptions, cultivate belief and drive positive change by making performance excellence systemic.

We accelerate **global expansion** and create **globally minded** organisations, processes and corporate citizens who can enter new markets and thrive every time.

Our approach is based upon extensive research into what makes organisations and individuals successful across many business, geographical, cultural, political and regulatory contexts. We use proven tools and methodologies to configure organisations, teams and processes in the most effective way to successfully and sustainably drive results across global boundaries.

An established business with Headquarters in Northampton, UK and offices in London, Manchester and Aberdeen, Gallus work with ambitious organisations across the world from a wide range of sectors.

Find us at www.gallusconsulting.com or call
+44(0)20 3751 6345.

Оглавление

Предисловие. 4

Введение 10

Глава 1. Обыкновенная история 13

Глава 2. Прекрасное далёко 16

Глава 3. Вперёд! В светлое будущее! 19

Глава 4. Россия — Сфинкс. 21

Глава 5. Жил на свете рыцарь бедный 24

Глава 6. Умом Россию не понять 27

Глава 7. Время уносит всё 30

Глава 8. Тайны Мадридского двора 33

Глава 9. В нашу гавань заходили корабли. 35

Глава 10. Вот и весь разговор 38

Глава 11. Смутное время 41

Глава 12. Мгновения, мгновения, мгновения. 44

Глава 13. Узелок завяжется, узелок развяжется. 47

Глава 14. Всем нашим встречам разлуки, увы, суждены . . 50

Глава 15. Хочешь помочь мастеру — отойди и не мешай 53

Глава 16. Всё, что останется после меня... 56

Глава 17. Дожуйте свой дежурный бутерброд. 59

Глава 18. У дураков мысли сходятся. 62

Глава 19. Встреча на Эльбе 65

Глава 20. Карета подана. 68

Глава 21. Все там будем 71

Глава 22. Деньги счёт любят 74

Глава 23. Клуб весёлых и находчивых 77

Глава 24. Сеанс чёрной магии с разоблачением 80

Глава 25. О сколько нам открытий чудных.............. 83

Глава 26. Всё тайное становится явным 86

Глава 27. Мы бандито-гангстерито,
мы кастето-пистолето, oh yes! 89

Глава 28. Жизнь — вечность, смерть — лишь миг! 92

Глава 29. Уходить по-английски 95

Глава 30. Наша служба и опасна, и трудна,
и на первый взгляд как будто не видна 98

Глава 31. Не рука, но мысль и творит, и убивает....... 101

Глава 32. Назад в будущее............................ 105

Глава 33. И у стен есть уши 108

Глава 34. Госпожа удача............................. 111

Глава 35. Главней всего погода в доме 114

Глава 36. Иногда совпадение —
это просто совпадение.............................. 117

Глава 37. История — учительница жизни 121

Глава 38. Рукописи не горят 125

Глава 39. Есть только миг
между прошлым и будущим.......................... 128

Зачем заключение?................................. 131

Постскриптум 135

Об авторе.. 142

Аудио-версия / Audio-book audio-book@russialocal.co.uk

Stranger in Saint Petersburg

Vesla Stranger

A chance visit by the artist Vesla Stranger to Saint Petersburg in 1991 led to two long visits in 1992 and 1993, where she produced forty-two watercolours depicting the beautiful city.

Sadly, Vesla wasn't able to fulfil her dream of publishing a book of her watercolours, but her dream lived on, and twenty years later it has finally been realised and her portfolio brought magnificently to life in these wonderful pages.

ISBN-10: 0956966500
ISBN-13: 978-0956966506

Printed in Great Britain
by Amazon